LA DÉCOUVERTE D'UN CHÂTEAU-FORT

Deze publicatie verscheen als artikel in de Gentse Bijdragen voor Kunstgeschiedenis en Oudheidkunde, vol. XVII, 1989.

IRANICA ANTIQUA
SUPPLÉMENT IV

LA DÉCOUVERTE D'UN CHÂTEAU-FORT DU DÉBUT DE L'ÉPOQUE ISLAMIQUE À PŪSKĀN (IRĀN)

Survivance d'éléments architecturaux sassanides

par

L. VANDEN BERGHE

1990

GENT

ISBN 90-6831-266-9

PRINTED IN BELGIUM

BY IMPRIMERIE ORIENTALISTE – LEUVEN

D. 1990/0602/86

L. Vanden Berghe

LA DÉCOUVERTE D'UN CHÂTEAU-FORT DU DÉBUT DE L'ÉPOQUE ISLAMIQUE À PŪSKĀN (IRĀN)

Survivance d'éléments architecturaux sassanides*

La situation

Le château-fort de Pūskān پوسکان[1], que nous avons découvert le 15 décembre 1960 et examiné de nouveau le 5 novembre 1972 et le 2 décembre 1979, est situé à 8 km au sud du village du même nom, et à environ 15 km à vol d'oiseau au sud de Kāzarūn (province du Fārs) (fig. 1).

Au nord-est de la colline rocheuse sur laquelle est bâti le fortin de Pūskān (pl. 1), subsistent des traces d'un aqueduc et de canalisations d'adduction d'eau. A 300 m au sud-est, on aperçoit des ruines d'installations (pl. 2). Ces vestiges sont visibles en face de l'accès au château, et sont dénommés Marġzār Sūnni Maidānak par les nomades. Le tépé, situé au sud du fort est appelé Zafarān Kal et un autre à l'ouest porte le nom de Tépé Daulah. Du

* Nous tenons à remercier spécialement nos collaborateurs au 'Séminaire d'Histoire de l'Art et d'Archéologie orientale' à l'Université de Gent: Dr. Ernie Haerinck, chef de travaux, pour son aide efficient, Mr. Erik Smekens, dessinateur-photographe qui a réalisé les photographies et les dessins, et Mme Bernadette Moens-De Boeck, à qui incomba la tâche ingrate de dactylographier les textes et de revoir les épreuves. Notre reconnaissance s'adresse également à Mr. Alexandre Tourovetz, licencié en Histoire de l'Art et Archéologie et en Philologie et Histoire Orientales de l'Université libre de Bruxelles, qui a relu le manuscrit. Que mon collègue, le Professeur Edmond Voordeckers, qui nous a prêté une photographie d'une icône des 'sept dormants d'Ephèse' avec les informations nécessaires, trouve ici l'expression de toute notre gratitude.

[1] Le village de Pūskān est indiqué sur la carte anglaise GSGS 3919 à l'échelle 1/253. 440 de la région de Kāzarūn H-39 P: Pūstgān (Pāraskān); sur celle de GSGS 1464 à l'échelle 1/500.000 de la région de Shīrāz 444-C Pūstgān. Dans la publication de H. A. Razmara (Farhang-i Djugrāfiya-yi Irān. Djild V Ustān haftum: Shahristānhā-yi Abādah — Būshahr — Djahrum — Shīrāz — Fasā — Fīrūzābād — Kāzarūn — Lār. Az intishārāt-i dāyirah Djugrafiya-yi Artash, Tihrān 1330 = dictionnaire géographique de l'Irān, vol. 7 septième province: les départements d'Abādah — Būshahr — Djahrum — Shīrāz — Fasā — Fīrūzābād — Kāzarūn — Lār, publiée par l'Institut géographique de l'Armée, Téhéran, 1951) Pūskān est indiqué sur la carte à l'échelle 1/571.430 de la région de Kāzarūn. Le village de Pūskān (H. A. Razmara, *op.cit.* p. 48) fait partie du Dehistān Kamārdj dans le Bakhsh Khisht du Shahristān Kāzarūn.
Pour accéder à Pūskān, on emprunte la route de Kāzarūn à Farrāshband. Avant d'arriver au village de Bālā Dih (= Djirrah), on se dirige vers le bourg de Dayin ou Dadīn Pā'in (à 8 km de la bifurcation). De Dayin Pā'in au château-fort de Pūskān, nous avons parcouru 15 km à cheval. Le fleuve Rudkhānah Dilak suit son cours à 9 km au sud du château-fort.
En décembre 1979, lors de notre dernière visite, deux campements de nomades étaient dressées à proximité du château. Ces nomades appartiennent au clan des Farsī Madān, un des cinq groupes principaux des tribus Qashkai, qui ont leurs campements d'hiver dans la région de Pūskān, Dadīn, Husainābād, Sar Mashhad et Qanāṭ-i Bāgh. Notre guide qui nous accompagnait s'appelait Lohrasat Farsī Madān et à Dadīn Balā, nous avons logé chez Masūd Farsī Madān.

côté nord-est de notre monument s'élève la haute chaîne de montagne Par Kulkhānī (fig. 2).

Avant d'entamer la description du monument, nous tenons à signaler que nous nous sommes limités à faire un relevé des lieux. Nous n'avons pas procédé à des travaux de déblaiement dans l'enceinte même du château. L'évacuation des débris dans les salles (qui atteignent à certains endroits une hauteur de 0,30 m à 0,50 m) aurait nécessité une main-d'œuvre considérable que nous ne pouvions recruter sur place, et qui de plus aurait occasionné des dépenses très élevées. Ce travail de longue durée, et un séjour dans cette région, aujourd'hui isolée, auraient préalablement exigé une vaste organisation. Enfin, il ne faut pas écarter les dangers du dégagement de tels débris; serpents venimeux, scorpions et autres vermines y pullulent.

La dénomination

Les nomades désignent encore de nos jours ce château sous le nom de 'Diz Daqīānūs'. Diz est le nom persan pour forteresse-fortin, et Daqīānūs la dénomination arabe et persane pour l'empereur romain Dekius ou Dèce, qui règna de 249 à 251 après J.C. Ceci pourrait nous inciter à conclure que le fortin de Pūskān aurait été construit par l'empereur Dèce ou du moins au cours de son règne. Cette hypothèse doit certainement être écartée. Bien que les prédécesseurs de Dèce, à savoir les empereurs romains Gordien III (238-244 après J.C.), Philippe l'Arabe (244-249 après J.C.) et un successeur de Dèce, le renommé Valérien (253-260 après J.C.) ont combattu le roi sassanide Shāpūr I, lui-même n'a jamais lutté contre les Perses.

Le nom de l'empereur romain Dèce s'associe à une légende intéressante, largement répandue au sein du monde chrétien et dans les pays islamiques, 'la légende des sept dormants d'Ephèse', que nous relatons brièvement[2]. Alors que l'empereur Dèce entama la grande persécution contre les chrétiens, quelques jeunes gens furent enmurés dans une grotte, où ils s'endormirent. Ils

[2] Il existe une bibliographie exhaustive concernant 'la légende des sept dormants'. Nous nous limitons à mentionner quelques ouvrages: J. Koch, Die Siebenschläferlegende, 1893; M. J. de Goeje, De legende der zeven slapers van Efeze. Verslagen en mededelingen der Koninklijke Akademie van Wetenschappen, Afdeeling Letterkunde, vierde reeks; vierde deel, Amsterdam, 1901, pp. 9-33; M. Huber, Textbeiträge zur Siebenschläferlegende, *dans* Romanische Forschungen, vol. XXVI, 1909, pp. 462-583; 825-836; M. Huber, Die Wanderlegende von den Siebenschläfer, Leipzig, 1910; P. Peeters, Le texte original de la Passion des Sept Dormants, *dans* Analecta Bollandiana, vol. XLI, 1923, pp. 369-385; L. Massignon, Les sept dormants d'Ephese (Ahl-Al-Kahf) en Islam et en Chrétienté, *dans* Revue des études islamiques, vol. XXII, pp. 59-112, XV pl., vol. XXIII, 1955, pp. 93-106; L. Massignon, Les 'Sept Dormants' Apocalypse de l'Islam, *dans* Analecta Bollandiana, vol. LXVIII, 1950, pp. 245-260; D. Masson, Le Coran et la révélation judeo-chrétienne, 2 vol., Paris, 1958, vol. I, p. 442; F. J. Jourdan, La tradition des sept dormants. Une rencontre entre Chrétiens et Musulmans (= Les jardins secrets de la littérature arabe, vol. 2), Paris, 1983, 203 p.

se réveillèrent à peu près deux cent ans plus tard, en 446 après J.C., sous le règne de l'empereur chrétien Théodose II le jeune (408-450 après J.C.). Ils envoyèrent un des leurs acheter du pain dans la ville voisine, mais le jeune homme fut ahuri de découvrir partout des symboles chrétiens et de rencontrer des personnes inconnues. Chez le boulanger il voulut payer son pain, mais personne n'accepta la monnaie. On le soupçonna même d'avoir découvert un ancien trésor, et on l'emmena auprès des autorités de la ville, qui tout d'abord le prirent pour un mystificateur. Comme à l'époque, certains chrétiens avaient remis en question la doctrine de la résurrection des morts, l'évêque qui était présent à la séance, eut l'intuition qu'un miracle s'était produit, qui annéantirait éventuellement l'hérésie. Finalement, on décida de se rendre à la grotte, et on constata que les jeunes gens y avaient effectivement dormi plus de deux siècles. Plus tard, ils décédèrent de mort naturelle.

Le récit des sept dormants d'Ephèse constitue un thème littéraire qui nous est parvenu sous la forme de versions grecques et syriaques du 5e et du début du 6e siècle après J.C. Plus tard, ce sujet fut repris en différentes langues orientales (copte, éthiopienne arménienne...) et occidentales. Comme tant d'autres anecdotes d'origine juive et chrétienne, le prophète Mahomet la reprit dans le Coran, plus précisement dans la fameuse Sourate XVIII ou Ahl al Kahf (les gens de la caverne), qui rapporte le séjour de ces célèbres adolescents dans la caverne (versets 9 à 31)[3]. Chaque vendredi, l'Imām récite à la mosquée cette sourate aux fidèles.

L'on retrouve ce récit avec quelques modifications chez des commentateurs du Coran et chez des géographes et historiens arabes et persans.

La 'légende des sept dormants' a été figurée, à maintes reprises, dans l'iconographie chrétienne, p.ex. dans les icones (pl. 25) et les miniatures, et a même été illustrée dans les miniatures persanes et turques.

Les données élémentaires de la légende chrétienne primitive se retrouvent aussi dans tous les autres récits; certains détails, cependant, tels que le nombre de dormants, la durée de leur sommeil et surtout le lieu de leur séjour sont différents. Lorsque la légende fut introduite chez les Musulmans, on la situa en plusieurs endroits: la Cappadoce, la Syrie, l'Espagne, la Perse, le Turkestān chinois et même la Mongolie.

En Irān, Pūskān mis à part, d'autres endroits sont désignés sous le nom de Daqīānūs. Dans la province de Kirmān, à 2 km à l'ouest de Sabzavarān, s'étendent les ruines de la ville antique de Djiruft[4], appelées encore de nos

[3] R. Paret, Ashāb al-Kahf 'les gens de la caverne', *dans* Encyclopédie de l'Islam, vol. I, 1960, pp. 712, 713.

[4] A. Stein, Archaeological Reconnaissance in North-Western India and South-Eastern Iran, London, 1937, p. 151.

jours 'Shahr Daqīānūs'. Dans la même province, à l'ouest de Fahradj[5] subsistent des vestiges d'anciennes canalisations d'eau, connues sous le nom de Daqīānūs. La population locale de Shahrābād[6], sur la route de Shūshtar à Dizfūl (province du Khūzistān) attribue également l'origine de leur village à Daqīānūs. Nous sommes persuadés que d'autres endroits ruinés en Irān sont encore désignés sous ce nom.

En persan moderne, l'épithète 'Daqīānūs' signifie 'infiniment ancien'. L'expression 'dar ahd daqīānūs' que l'on retrouve e.a. chez Ṣādiq Hidāyat (1903-1951), un des plus célèbres écrivains persans contemporains, dans son roman Būf-i Kūr (la chouette aveugle)[7] se traduit par 'de temps immémorables'.

La dénomination de Diz Daqīānūs au château-fort de Pūskān, signifie donc bel et bien que ce monument date d'une époque lointaine.

La description

Le château-fort de Pūskān est érigé sur une colline rocheuse (pl. 3, 4).

Son architecture massive et fermée ne comportant qu'une seule entrée, l'épaisseur du mur d'enceinte, muni de tours d'angle rondes et creuses, l'aménagement de nombreuses archères et sa porte large seulement de 1,80 m, et pouvant facilement être défendue par des gardes placés dans les tours, indiquent clairement le caractère défensif de ce monument.

De plan à peu près carré, il mesure 20,40 m pour les côtés nord-ouest et sud-est, et 20,60 m pour les côtés nord-est et sud-ouest; avec les projections des tours, ses dimensions atteignent 25,50 m (côtés nord-ouest et sud-est) sur 25,70 m (côtés sud-est et sud-ouest).

I. Le mur d'enceinte

Le mur d'enceinte, qui atteint une hauteur de 8 m à 10 m au-dessus du niveau actuel du sol, a une épaisseur de 2,10 m au rez-de-chaussée et 2 m à l'étage.

Le mur d'enceinte est construit à l'aide d'un blocage de pierrailles englobées dans un liant constitué par un mortier de plâtre abondamment fourni (bien vissible sur le côté nord-ouest). Le parement extérieur est constitué d'assises régulières de moellons ou blocs de pierres bien appareillés (pl. 5, 6, 7).

[5] A. Gabriel, Aus den Einsamkeiten Irans, Dritte Forschungsfahrt durch die Wüste Lut und Persisch Baločistan mit einer Reise durch Süd-Afghanistan, Stuttgart, 1939, p. 21.

[6] H. Massé, Croyances et Coutumes persanes, Paris, 1938, p. 373.

[7] S. Hidāyat, Būf-i Kūr, Tihrān 1320 (= 1941), 1344 (= 1965; 2e édition), p. 14, traduit par R. Lescot, La chouette aveugle, Paris, 1953, p. 28 'qui date au moins du déluge'.

II. Les tours d'angle

La construction des quatre tours d'angle circulaires et creuses, fortement saillantes, est plus soignée (pl. 8). Ces tours ont un diamètre de 5,80 m et celui de l'espace intérieur n'est que de 2 m. L'entrée de la chambre intérieure des tours a une hauteur de 1,90 m et une largeur de 0,70 m.

La tour d'angle sud est la mieux conservée (pl. 9); celles des angles ouest et est sont très abimées. L'absence de tours de flanquement semi-circulaires au milieu de chaque côté se justifie par les dimensions assez réduites du mur d'enceinte.

III. Les archères

Deux niveaux d'archères traversent l'épaisseur du mur d'enceinte et des tours d'angle (pl. 10). On compte en total 83 archères, dont 39 sont percées dans la muraille d'enceinte et 44 dans les tours d'angle. Elles se répartissent comme suit:

a. Dans la muraille d'enceinte, on compte une rangée de 19 archères au rez-de-chaussée, quatre dans la façade ou le côté sud-est (soit deux de part et d'autre de l'entrée) et cinq dans chacun des côtés sud-ouest, nord-ouest et nord-est). Quatre ouvertures en forme d'archères sont encore visibles au rez-de-chaussée au-dessus de la première rangée de meurtrières: deux dans le mur sud-ouest (pl. 6 et 11) et deux dans le mur nord-ouest, chacune près d'une tour d'angle. Ces ouvertures faisaient probablement office de fenêtres. En effet, elles étaient placées trop en hauteur pour servir véritablement d'archères. La fonction de fenêtre se justifierait mieux, puisque les chambres 3, 4, 5 et 6, dans lesquelles ces ouvertures ont été aménagées, sont celles qui reçoivent le moins de lumière de la pièce centrale. A l'étage, on dénombre 20 archères, notamment cinq dans les murs sud-est (façade), sud-ouest et nord-est. A l'origine, le côté nord-ouest était également percé de cinq meurtrières, mais l'une d'entre-elles située près de la tour d'angle nord a été élargie ultérieurement pour faire place à une ouverture de fenêtre, qui fut ensuite murée (pl. 7). Les archères sont régulièrement espacées et l'intervalle est quasiment le même (environ 3 m).

b. Dans chacune des quatre tours d'angle on aperçoit onze archères: cinq au rez-de-chaussée et six à l'étage. Il est à noter que les archères de l'étage ne se trouvent pas exactement dans l'axe de celles du rez-de-chaussée (pl. 9, 10).

c. Ces archères du type ébrasé, présentent à l'extérieur la forme d'une fente étroite rectangulaire de 1 m de haut et de 25 cm de large (pl. 11, 12). Elles sont délimitées à l'extérieur par des plaques en plâtre (pl. 11). A l'intérieur elles s'élargissent et atteignent une largeur de 50 cm. Les bords supérieur et inférieur de ces archères sont dans un plan horizontal (pl. 13, 14). L'ébrasement à l'intérieur constitue une niche qui permet à un archer de s'approcher le plus près possible du bord tout en gardant la position de tir.

IV. Le rez-de-chaussée (fig. 3)

Le seul accès au château, surmonté d'un arc surhaussé, se situe au milieu de la façade sud-est (pl. 15). D'une hauteur de 2 m et d'une largeur de 1,80 m, cette entrée est relativement petite par rapport à l'ensemble de la construction. Au-dessus de l'entrée on remarque une ouverture rectangulaire de 65 cm de haut et 12 cm de large qui s'ébrase de la même façon que les archères (18 cm de large au niveau du parement intérieur du mur). A l'intérieur du château, l'entrée présente une haute embrasure surmontée d'un arc surhaussé (pl. 16).

Le château de Pūskān comporte deux niveaux: un rez-de-chaussée et un étage, dont le plan est presque identique.

Au rez-de-chaussée, deux iwāns (n. 1 et 2 sur le plan) et six chambres rectangulaires, s'adossant au mur extérieur, sont symétriquement disposés autour d'un espace central carré entouré d'un couloir. Toutes ces chambres sont indépendantes, ce qui revient à dire qu'il n'existe aucun passage entre elles: en effet l'accès se fait par le couloir délimitant l'espace central, ou par l'iwān de l'entrée.

Les deux iwāns (n. 1, 2) ont 4,15 m de long. Les quatre chambres (n. 3, 4, 5, 6) à côté de ces deux iwāns ont 5,50 m de long et les deux salles oblongues (n. 7 et 8) ont 8,20 m de long. La largeur de toutes ces salles est de 3 m. La hauteur n'a pu être mesurée à cause de l'amoncellement des décombres remplissant les chambres. L'espace central, à peu près carré (n. 9) de 3,40 m à 3,60 m de côté, est du type Chahār Tāq, et se compose de quatre piliers reliés par des arcs; il n'était pas couvert puisque les piliers montent verticalement, et aucune trace de toiture n'est visible.

Les murs intérieurs du bâtiment (d'une épaisseur de 1,10 m) c.-à-d. ceux des chambres, sont construits en petits moellons irréguliers joints à l'aide d'un abondant mortier. Un enduit de plâtre, dont on aperçoit encore des traces dans la chambre 5, dissimulait les irrégularités des surfaces murales (pl. 17).

Les deux iwāns et les salles sont recouverts d'une voûte en berceau brisée surbaissée. Une moulure marque la transition entre les parois et la naissance de la voûte, ce qui est bien visible dans la chambre 5 (pl. 17). Les ouvertures d'accès aux chambres n. 3, 4, 5 et 6 présentent un arc surhaussé. L'entrée des deux salles oblongues (n. 7, 8), ainsi que les piliers de l'espace central (n. 9) sont pourvus d'un arc brisé surbaissé (pl. 16, 19). L'embrasure de l'accès à la chambre n. 8 se différencie de celle des autres salles; elle s'élargit vers l'intérieur en raison de la présence d'un ressaut disposé dans le mur. Le couloir autour de la pièce centrale carrée est couvert d'une voûte en berceau.

Dans le couloir voûté, entre le pilier est de l'espace carré central et les murs extérieurs des chambres 4 et 8 trouve le départ de l'escalier (pl. 18a) qui mène à l'étage. Il repose sur une voûte en berceau ascendante (pl. 18b).

Cet escalier compte onze marches de 30 cm de haut et de 1,30 m à 1,50 m de large.

V. L'ÉTAGE (fig. 4, 5, 6)

L'étage comprend un nombre analogue de chambres, réparties suivant le même dispositif qu'au rez-de-chaussée. Elles sont un peu plus grandes parce que à l'étage, les murs extérieurs sont moins épais (2 m au lieu de 2,10 m au rez-de-chaussée). Les profondeurs des deux iwāns (n. 10 et 11) (pl. 20, 21) sont respectivement 4,40 m et 4,20 m de long. Les quatre chambres (n. 12, 13, 14, 15) à côté de ces deux iwāns mesurent 5,70 m de long, et les deux salles allongées (n. 16,17) (pl. 22) ont 8,20 m de long (elles présentent donc la même longueur que celles du rez-de-chaussée). La largeur des deux iwāns est de 2,80 m (moins large que ceux du rez-de-chaussée), mais toutes les autres salles ont la même largeur de 3,10 m.

Puisque la toiture à l'étage est complètement effondrée, nous ignorons si les chambres étaient recouvertes d'une voûte. Le couloir entourant la pièce centrale était certainement voûté sur les côtés nord-est et sud-ouest, puisqu'on y remarque encore le départ de la voûte. L'accès aux chambres 12, 13, 14 et 15 est pourvu d'un arc surhaussé (pl. 21, 23) et l'entrée aux salles 16 et 17 d'un arc brisé surbaissé (pl. 22, 23).

Signalons encore que dans chacun des deux murs latéraux de l'iwān (n. 11) une niche (profonde de 40 cm) a été aménagée peut-être pour y installer des candélabres.

De l'espace carré central (n. 18) de 3,50 m de côté, il n'existe plus que les moignons des quatre piliers (pl. 19, 21). Ils étaient probablement reliés par des arcs comme ceux du rez-de-chaussée.

La question se pose de savoir si le Chahār Ṭāq était surmonté d'un dôme ou d'une coupole.

Nous pensons qu'il était à ciel ouvert, en premier lieu pour pourvoir à l'éclairage et à l'aération des salles qui l'entourent[8], car les étroites ouvertures

[8] Dans sa reconstitution du Rubāṭ-i Zindān, M. Siroux (Caravansérails d'Iran et petites constructions routières. Mémoires de l'Institut français d'archéologie orientale du Caire, vol. 81, Le Caire, 1949, pp. 103, 104, fig. 64, 65) dessine une coupole sur la pièce centrale de ce bâtiment, ce qui nous semble inconcevable. En effet, toutes les salles de ce monument auraient été alors dans une obscurité complète, puisque les murs n'ont ni ouvertures d'archères ni fenêtres. On pourrait comparer la pièce centrale carrée de Pūskān à celle du 'Château du Centre' de la ville royale de Lashkari-Bazar, datant de l'époque Ghaznavide (977-1186 après J.C.) (D. Schlumberger, J. Sourdel-Thomine, Lashkari Bazar. Mémoires de la Délégation Archéologique française en Afghanistan, vol. XVIII, Paris, 1978, pl. 27). Voir aussi B. Brentjes, Völkerschicksahle am Hindukusch, Leipzig, 1983, p. 169, fig. 33.

des archères ne pouvaient convenir à aucune de ces deux fonctions. Il est également possible qu'un bassin ou une citerne ait été aménagé dans le sol du rez-de-chaussée, alimenté par l'eau de pluie qui pénétrait par l'ouverture du Chahār Ṭāq.

Comme ce bâtiment a perdu tout son couronnement, nous ne sommes pas renseignés sur l'existence et l'organisation de l'arête supérieure (e.a. la présence éventuelle de créneaux servant pour le tir).

Les caractéristiques architecturales

Le château-fort de Pūskān comporte des éléments architecturaux qui, d'une part, sont dans la tradition sassanide et qui, d'autre part, offrent des ressemblances avec les forteresses en Irān du début de l'époque islamique, ainsi qu'avec les châteaux omayyades du désert syro-jordanien.

I. Les survivances sassanides (fig. 16)

Il existe encore de nos jours de nombreuses constructions sassanides, forteresses, manoirs, postes routiers, caravansérails, mais beaucoup ne nous sont parvenues qu'à l'état de ruines. Puisque plusieurs de ces édifices ont été réutilisés au début de l'époque islamique et qu'on continua alors à construire des bâtiments dans la tradition sassanide, il est souvent très difficile de savoir quels sont ceux qui datent réellement de l'époque sassanide. En effet, les procédés et les modes de construction ne changent pas nécessairement immédiatement après l'avènement d'une nouvelle dynastie ou période. Dans notre examen relatif aux traditions sassanides, nous nous référons à des constructions, dont la datation à l'époque sassanide peut être considérée comme assurée[9]; celles dont la datation reste incertaine — fin de l'époque sassanide ou début de l'époque islamique — seront étudiées plus loin (cfr. p. 26, 27).

Nous examinons divers éléments qui continuent la tradition sassanide.

A. *L'orientation*

Les angles du château-fort de Pūskān sont orientés en fonction des points cardinaux, comme il était d'usage dans les édifices sassanides (palais, forteresses et temples du feu) (p.ex. les Chahār Ṭāqs).

[9] Pour l'Irān, nous mentionnons les enceintes fortifiées des villes de Bīshāpūr, d'Iṣṭakhr, de Qaṣr-i Abū Naṣr, de Naqsh-i Rustam dans le Fārs; de Gund-i Shāpūr, d'Iwān-i Karkhah dans le Khuzistān; de Giaur Qal'ah (= Yazd-i Qal'ah) et de Takht-i Sulaimān dans l'Adharbaidhān; les forteresses de Qal'ah-i Dukhtar Fīrūzābād, de Qal'ah-i Gabrī Fasā dans le Fārs; de Takht-i Bilqīs et de Haftavān Tépé dans l'Adharbaidhān; les forts et fortins de Sīrāf dans le Fārs; de Bard-i Nishāndah dans le Khuzistān; de Qal'ah-i Saidj Dukkān dans le Kurdistān; de Tūrang Tépé dans le Gurgān; de Qal'ah-i Zarī dans le Khurāsān et de Nakhlah dans l'Irāq 'Adjamī.

B. *Les matériaux de construction*

Nous l'avons signalé, le château-fort de Pūskān a été construit en moellons liés au moyen d'un mortier de plâtre. Le mur d'enceinte est composé de parements en moellons, et le noyau intérieur est constitué par un blocage de petites pierres de taille irrégulières englobées dans un mortier. Ce mode de construction fut appliqué dans plusieurs édifices sassanides, comme p.ex. à Qal'ah-i Dukhtar, Fīrūzābād[10]. La disposition des rangées de moellons de la paroi extérieure du mur d'enceinte en lits horizontaux se rencontre dans plusieurs autres constructions sassanides: le poste militaire de Bihist ū Duzakh[11], les nombreux temples du feu ou Chahār Ṭāqs[12]. Ce même procédé se remarque encore dans le caravansérail de Rubāṭ-i Karim[13], qui daterait probablement du début de l'époque islamique.

C. *La construction, sur plan carré, munie de tours d'angle circulaires*

Quelques fortins sassanides sont construits sur plan carré et sont munis de tours d'angle creuses circulaires: Nakhlah (fig. 7b)[14], Sīrāf (fig. 7a)[15], Qal'ah-i Zarī (fig. 7c)[16], Qal'ah-i Saidj Dukkān[17]. L'enceinte des bâtiments du temple du feu de Takht-i Sulaimān possède aussi des tours d'angle circulai-

[10] D. Huff, Qal'a-ye Dukhtar bei Firuzabad. Ein Beitrag zur sasanidischen Palastarchitektur, *dans* Archaeologische Mitteilungen aus Iran, Neue Folge, Band 4, 1971, pl. 23, n° 3.

[11] L. Vanden Berghe, Les ruines de Bihisht ū Duzakh à Sulṭānābād, *dans* Iranica Antiqua, vol. VIII, 1968, pl. XVIII à XXI.

[12] L. Vanden Berghe, Récentes découvertes de monuments sassanides dans le Fārs, *dans* Iranica Antiqua, vol. I, 1961, pl. XXIII (Kunār Sīāh).
L. Vanden Berghe, Nouvelles découvertes de monuments du feu d'époque sassanide, *dans* Iranica Antiqua, vol. V, 1965, pl. XL, n° 3, XLI (Nigār).

[13] M. Siroux, 1949, *op.cit.*, pl. III, n° 2. Ce caravansérail est daté par M. Siroux de l'époque sassanide.

[14] La forteresse de Nakhlak de plan carré (ca. 45 m de côté) est munie de quatre tours d'angle creuses en forme de fer de cheval (U. W. Hallier, Fort, Atashgah und Chahar Taq von Nakhlak. Überreste einer sasanidischen Bergbausiedlung, *dans* Archaeologische Mitteilungen aus Iran. Neue Folge, Band 5, 1972, p. 290, fig. 2, pl. 76; U. W. Hallier, Qual'eh Zari, ein prä-islamisches Fort in Ostpersien, *dans* Archaeologische Mitteilungen aus Iran, Neue Folge, Band 6, 1973, pp. 195, 196).

[15] La forteresse de Sīrāf de plan carré (65 m de côté) a des tours d'angle creuses en forme de fer de cheval (D. Whitehouse, A. Williamson, Sasanian Maritime Trade, *dans* Iran, vol. XI, 1973, p. 34, fig. 3, pl. I B; D. Whitehouse, Excavations at Siraf, Sixth Interim Report, *dans* Iran, vol. XII, 1974, p. 8, fig. 3). Les tours en forme de fer de cheval semblent caractéristiques pour l'époque sassanide.

[16] Le fortin de Qal'ah-i Zarī, de plan presque carré de 16 m sur 18 m, est muni de tours d'angle creuses en forme de fer de cheval (U. W. Hallier, 1973, *op.cit.*, p. 190, fig. 1, pl. 44; U. W. Hallier, Neh — Eine Parthische Stadt in Ostpersien, *dans* Archaeologische Mitteilungen aus Iran, Neue Folge, Band 7, 1974, p. 183).

[17] Ce fort, de plan carré de 151 m sur 152 m de côté est muni de tours d'angle; l'entrée est flanqué de tours en quart-de-cercle (W. Kleiss, Die Festung Qalah Seidj Dukkan bei Sarpol-i Zohab in West-Iran, *dans* Archaeologische Mitteilungen aus Iran, Neue Folge, Band 7, 1974, p. 216, fig. 1).

res[18]. En outre, il faut mentionner les constructions sassanides, de plan irrégulier, tels que les enceintes de villes de Bīshāpūr[19], de Qaṣr Abū Naṣr[20], de Naqsh-i Rustam[21], d'Iwān-i Karkhah[22], ainsi que les forteresses et forts de Takht-i Bilqis[23] et de Bard-i Nishāndah[24], qui sont aussi renforcés de tours d'angle rondes (généralement saillantes en trois-quarts de cercle), creuses ou massives. Ces enceintes de villes et ces forteresses possèdent, de surcroît, des bastions ou des tours semi-circulaires[25]. L'absence d'un tel type de tour au château-fort de Pūskān peut se justifier par les dimensions restreintes du mur d'enceinte. La documentation archéologique ne nous permet pas actuellement d'observer en Irān même, l'apparition de la tour ronde avant le début du 3e siècle après J.C., c.-à-d. avant l'époque sassanide[26].

D. *Les archères*

Les archères qui jouaient un rôle important dans le château-fort de Pūskān,

[18] R. Naumann, D. Huff, R. Schnyder, Takht-i Sulaiman, *dans* Archäologischer Anzeiger, Heft 1, 1975, fig. 1, 4.

[19] Le mur d'enceinte de la citadelle possède des tours d'angle circulaires pleines (R. Ghirshman, Bichâpour, vol. I, Paris, 1971, plan I, pl. VII, n° 2, pl. VIII, n° 4).

[20] Le second rempart de la ville était renforcé de tours d'angle circulaires massives (D. Whitcomb, The Roses and Nightingales. Excavations at Qaṣr Abū Naṣr, Old Shiraz, New York, 1985, fig. 2, 80, pl. 61).

[21] A Naqsh-i Rustam, le rempart autour des constructions est renforcé par sept tours semi-circulaires et par une tour d'angle ronde et massive (E. F. Schmidt, Persepolis III, The Royal Tombs and other Monuments. Oriental Institute publication, vol. LXX, 1970, fig. 4).

[22] La partie fouillée du côté intérieur du rempart de la ville de Iwān-i Karkhah possède une tour d'angle (R. Ghirshman, Campagne de fouilles à Suse en 1950, 1951, *dans* Comptes Rendus de l'Académie des Inscriptions et Belles Lettres, 1951, p. 294; R. Ghirshman, Une campagne de fouilles à Suse, 1946-1951, *dans* Revue d'Assyriologie, vol. XLVI, 1952, p. 11, fig. 12.

[23] La forteresse a des tours d'angle circulaires pleines et des tours en forme de demi-ellipse sur les quatre côtés (D. Huff, Anhang der Taht-e Belqis, *dans* Archäologischer Anzeiger, Heft 1, 1975, p. 201, fig. 108).

[24] Le château de Bard-i Nishāndah, de plan rectangulaire mesure 29, 80 m de long sur 19 m de large; il est renforcé de tours d'angle circulaires plaines, et d'une tour semi-circulaire au milieu du côté nord-est (R. Ghirshman, Terrasses sacrées de Bard-è Nechandeh et de Masjid-i Solaiman, Mémoires de la délégation archéologique en Iran, tome XLV, 1976, vol. I Texte, pp. 9 à 11, fig. 3; vol. II, pl. VI, VII 2).

[25] Souvent ces tours semi-circulaires flanquant les murs prennent une forme elliptique, p.ex. à Takht-i Sulaimān[18], à Takht-i Bilqis[23], à Tūrang Tépé[29] et à Haftavān Tépé (Ch. Burney, Excavations at Haftavān Tepe 1971, *dans* Iran, vol. XI, 1973, fig. 10.

[26] Les forteresses en Irān de l'âge du Fer II et III à Gūdīn Tépé, à Nush-ī Djān, à Bābā Djān, à Hasanlū, et celles de l'époque achéménide à Pasargades et à Persépolis avaient des tours carrées ou rectangulaires. De même, celles de l'époque parthe à Shahr-i Qumis, Bard-i Nishāndah et Masdjid-i Sulaimān ont des tours quadrangulaires. En Mésopotamie, les forteresses parthes à Hatra, à Ctésiphon, et en Syrie à Dura Europos, sont elles aussi renforcées par des tours quadrangulaires. D'autres, fouillées ces dernières années en Mésopotamie, ont des tours rondes (cfr. infra pp. 18, 19 et note 79). Des fortifications et des forts à tours d'angle circulaires sont déjà attestés en Asie Centrale à partir du 2e millénaire av. J.C. (cfr. infra p. 17 et note 73).

trouvent des antécédents dans les forteresses sassanides. A l'époque sassanide, on distingue différents types d'archères (fig. 8).

1. Les archères en forme de fente rectangulaire

Ces archères, formées d'une étroite fente qui traverse le mur, ont une très faible largeur par rapport à leur longueur. Elles ne sont pas ébrasées. La couverture et/ou la base peuvent être planes ou inclinées vers l'extérieur. La plupart de ces archères étaient peu efficaces pour la défense. Il est même possible qu'elles avaient une fonction décorative, ou jouaient un rôle psychologique, ou encore qu'elles pouvaient servir à l'aération, la ventilation et à l'éclairage: toutes ces fonctions pouvaient être comprises ensemble ou séparément.

Des archères rectangulaires en forme de fente étroite se rencontrent dans les remparts de villes de Bīshāpūr[27], Qaṣr Abū Naṣr[28], et dans les forteresses ou forts de Tūrang Tépé (fig. 8a)[29], Nakhlak (fig. 8c)[30], Qal'ah-i Zari (fig. 8b)[31], Sīrāf[32].

2. Les archères sagittales

Les archères sagittales présentent la forme d'une pointe de lance ou de flèche. Parfois, ces archères ne traversent pas le mur, et ne sont aménagées qu'en façade[33]. A l'époque sassanide, des archères sagittales se rencontrent

[27] Le rempart de la ville de Bīshāpūr était percé d'archères rectangulaires en pente vers l'extérieur (A. Sarfaraz, Bichapour, grande ville sassanide, *dans* Bastan Chenassi wa Honar-e Iran, vol. 2, 1969, fig. 6, et A. Sarfaraz, Bīshāpūr, *dans* Y. Kiani, Iranian Cities, Tehran, 1987, p. 25.
La citadelle était munie de véritables archères rectangulaires traversant les murs, et d'archères rectangulaires aveugles ne perçant pas la muraille (R. Ghirshman, 1971, *op.cit.*, pp. 42, 43, pl. VII B).

[28] A Qaṣr Abū Naṣr, les murs du second rempart ont des archères rectangulaires en forme de fente étroite, traversant la muraille (D. Whitcomb, 1985, *op.cit.*, pl. 61).

[29] A Tūrang Tépé, les archères en forme de fente étroite (de 13 à 20 cm de large et d'une hauteur à l'extérieur de 1,40 m à 1,60 m) ont une couverture horizontale ou légèrement inclinée et une base également inclinée vers l'extérieur. Caractéristique pour Tūrang Tépé est le fait que ces fentes sont surmontées à l'extérieur d'une alvéole ou cavité carrée de 15 cm à 20 cm de côté et de 15 cm à 40 cm de profondeur (R. Boucharlat, La forteresse sassanide de Tureng Tépé, *dans* Le plateau Iranien et l'Asie centrale des origines à la conquête islamique (Ed. J. Deshayes), Paris, 1977, p. 336, fig. 6. R. Boucharlat, Le fort sassanide, *dans* R. Boucharlat, O. Lecomte, Fouilles de Tureng Tépé. 1. Les périodes sassanides et islamiques, Paris, 1987, p. 33, pl. 109 a, b). Des archères en fentes aveugles se trouvaient au-dessus de la porte (R. Boucharlat, 1987, *op.cit.*, pl. 20, 115).

[30] Les tours d'angle creuses du fortin de Nakhlak ont des archères en forme de fente rectangulaire de 1 m de haut et de 15 cm de large (U. W. Hallier, 1972, *op.cit.*, p. 292, fig. 3).

[31] Les tours d'angle creuses du fortin de Qal'ah-i Zarī ont des archères rectangulaires de 40 cm à 50 cm de haut et de 15 cm à 25 cm de large (U. W. Hallier, 1973, *op.cit.*, pl. 44).

[32] Deux archères, de fente étroite et rectangulaire, sont percées dans les deux tours de la porte d'entrée du fortin de Sīrāf (D. Whitehouse, A. Williamson, 1973, *op.cit.*, fig. 2).

[33] Il existe une confusion concernant la dénomination des archères aveugles et des fausses archères. Je serais d'avis d'intituler les archères aveugles, celles qui ne traversent pas entièrement le mur, et qui ne sont visibles que de la façade, et les fausses archères, celles qui percent bien le

dans les murs d'enceinte de Yazd-i Qal'ah (=Giaur Qal'ah) (fig. 8d)[34], d'Iṣṭakhr (fig. 8e)[35], d'Iwān-i Karkhah[36].

Les archères sagittales remontent en Irān au premier millénaire av. J.C., et précisément à l'âge du Fer II et III (époque mède?), notamment à Gūdīn Tépé[37] et à Nūsh-i Djān[38]. A l'époque achéménide, elles sont connues à Persépolis[39] et à Suse[40].

Après l'époque sassanide, on rencontre encore en Irān ce type d'archère notamment dans le fortin de Dārzīn[41] qui date du début de l'époque islamique.

En Asie Centrale (Parthyène, Margiane, Bactriane et Sogdiane), des archères sagittales, le plus souvent aveugles, sont déjà attestées dans le courant du 1er millénaire av. J.C., et restent en usage jusqu'à l'époque islamique. On les

mur, mais qui par leur forme ne sont pas adéquates à la défense, p.ex. certaines archères en forme de fente longue et étroite.

34 Les remparts de cette forteresse ont des archères sagittales légèrement ébrasées, dont les faces supérieure et inférieure sont inclinées vers l'extérieur. A l'extérieur elles ont une hauteur de 70 cm et une largeur de 10 cm, et à l'intérieur une hauteur de 80 cm et une largeur de 30 cm (D. Huff, Sasanidisch-frühislamische Ruinenplätze im Belqis-Massiv in Azerbeidjan, *dans* Archaeologische Mitteilungen aus Iran, Neue Folge, Band 7, 1974, p. 207, fig. 3, pl. 44, n. 2). L'ouverture de ces archères est délimitée par des plaques de plâtre (D. Huff, 1974, *op.cit.*, p. 206) telles qu'on remarque à Pūskān.

35 E. Herzfeld, Iran in the Ancient East, London, 1941, pl. XCII (Ces archères sont du type aveugle).

36 Le rempart de la ville de Iwān-i Karkhah présentait des archères sagittales, dont certaines étaient du type aveugle (R. Ghirshman, 1951, *op.cit.*, p. 294 et 1952, p. 11, fig. 12.

37 T. Cuyler Young, L. D. Levine, Excavations of the Godin Project: Second Progress Report, Royal Ontario Museum, 1974, pl. XXVII.
On se réfère parfois à l'existence d'archères sagittales en Assyrie, en se basant sur des éléments de reconstitutions publiés dans l'ouvrage de W. Andrae, Die Festungswerke von Assur, Leipzig, 1913, p. 115, fig. 186.

38 D. Stronach, Excavations at Tepe Nūsh-i Jān, 1967, *dans* Iran, vol. VII, 1969, p. 14, fig. 5.

39 A. B. Tilia, Reconstruction of the Parapet on the Terrace Wall at Persepolis, South and West of Palace H, *dans* East and West, vol. 19, 1969, fig. 12 à 15 (blocs de pierre entaillés d'archères sagittales aveugles, provenant du palais G); A. B. Tilia, *op.cit.*, fig. 61 (mur en brique crue de la terrasse de la fortification nord, montrant une archère sagittale).

40 Des merlons en grès, provenant du palais de Darius I à Suse, sont entaillés d'archères aveugles en forme de pointes de flèches (R. de Mecquenem, Contribution à l'étude du palais achéménide de Suse, *dans* Mémoires de la Mission Archéologique en Iran, vol. XXX, 1947, p. 45, fig. 21; D. Demandt-Besserat, Ancient Persia: the Art of an Empire, 1978, p. 59, fig. 67).

41 M. Shokoohy, Monument of early Caliphates at Darzin in the Kirmān Region (Irān), *dans* Journal of the Royal Asiatic Society of Great Britain and Ireland, London, fasc. 1, 1980, p. 13, pl. VI.
Ces archères en forme de flèche sont d'ailleurs connues dans le château omayyade de Qaṣr al-Kharānah du 8e siècle après J.C. (cfr. infra p.), et dans le palais abbaside d'Ukhaidir (K.A,C. Creswell, A Short Account of Early Muslim Architecture, Harmondsworth, 1958, pl. 39b).

rencontre dans plusieurs sites e.a. à Nisa[42], Bactres[43], Surkh Kotal[44], Chilburdzj[45], Durnalī[46].

3. Les archères ébrasées

Les archères ébrasées présentent dans le parement extérieur du mur une fente rectangulaire qui s'élargit progressivement vers l'intérieur. La couverture et la base peuvent avoir un plan horizontal comme à Pūskān. D'après nos connaissances, ce type d'archère n'apparaît en Irān qu'à partir de la fin de l'époque parthe, p.ex. à Qal'ah-i Yazdigird[47]. A l'époque sassanide, elles se rencontrent à Qal'ah-i Dukhtar, Fīrūzābād (fig. 8f)[48], Takht-i Sulaimān (fig. 8g)[49].

Ces archères à ébrasement constituaient une amélioration importante dans la défense. Elles donnaient au défenseur la possibilité d'accroître son champ d'action, sans offrir à l'assaillant d'autre cible qu'une fente étroite.

E. *La disposition symétrique des chambres adossées au mur d'enceinte sans passage entre elles*

Dans le palais du roi sassanide Ardashīr I (224-242 après J.C.) à Fīrūzābād, les chambres sont, comme à Pūskān, adossées au mur d'enceinte et aucun passage n'existe entre elles. De même, les salles rectangulaires à côté de l'entrée ne sont accessibles qu'à partir de l'iwān (fig. 9a)[50].

F. *La liaison de l'iwān à l'espace carré central du type 'Chahār Ṭāq'*

La liaison de l'iwān à un Chahār Ṭāq ou kiosque central à Pūskān est une

[42] M.A.R. Colledge, Parthian Art, London, 1977, p. 97, fig. 41 (début de l'époque parthe).

[43] M. Le Berre, D. Schlumberger, Observations sur les remparts de Bactres, *dans* Monuments pré-islamiques d'Afghanistan (= Mémoires de la Délégation archéologique française en Afghanistan, vol. XIX, Paris, 1964, p. 73, fig. A, pl. XXXIII n° 2, XXXIV, n° 1 (Bactres I époque gréco-bactrienne, du 3e siècle au milieu du 1er siècle av. J.C.); pl. XL n° 2, pl. XLI (Bactres II: 5e siècle après J.C.).

[44] D. Schlumberger, M. Le Berre, G. Fussman, Surkh Kotal en Bactriane (= Mémoires de la Délégation archéologique française en Afghanistan, vol. XXV, 1983, pl. 20, n° 53, pl. 21, n° 54; D. Schlumberger, L'Orient Hellénisé, Paris, 1970, fig. 10 (2e siècle après J.C.: époque kuchane).

[45] G. Gullini, Architettura Iranica dagli Achemenidi ai Sasanidi, Torino, 1964, p. 300, fig. 191 (4e/5e siècle après J. C.).

[46] G. Gullini, 1964, *op.cit.*, p. 300, fig. 190 (2e siècle av. J.C. — 3e siècle après J.C.: époque kuchane).

[47] Les archères ébrasées du Divār-i Gach à Qal'ah-i Yazdigird ont leurs faces supérieures et inférieures planes; elles ont une hauteur de 1,20 m et une largeur de 20 cm à l'extérieur et de 60 cm à l'intérieur (J. Keall, Qal'eh-i Yazdigird. A Sasanian Palace Stronghold in Persian Kurdistan, *dans* Iran, vol. V, 1967, p. 104, fig. 3, pl. 3a).

[48] D. Huff, Ausgrabungen auf Qal'ah ye Dukhtar bei Firuzabad 1976, *dans* Archaeologische Mitteilungen aus Iran, Band 11, 1978, fig. 1.

[49] H. H. von der Osten, R. Naumann, Takht-i Suleiman, Berlin, 1961, p. 42, fig. 6 (reconstruction).

[50] D. Huff, 1971, *op.cit*,, p. 157, fig. 14; E. Porada, Ancient Iran, London, 1962, p. 194, fig. 103.

création sassanide qu'on remarque dans le palais cité d'Ardashīr I à Fīrūzābād (fig. 9a), dans sa forteresse de Qal'ah-i Dukhtar Fīrūzābād[51] et à Takht-i Sulaimān (fig. 9b)[52].

G. *Autres éléments*

La construction de l'escalier à Pūskān sur une voûte ascendante apparaît dans la forteresse sassanide de Qal'ah-i Dukhtar à Fīrūzābād[53].

Dans notre étude de comparaison, nous nous sommes basés sur des constructions dont la datation à l'époque sassanide est assurée[54].

* * *

Excursus

L'origine des éléments architecturaux des forteresses sassanides

Il serait particulièrement intéressant de traiter dans notre étude le problème des origines des différents éléments architecturaux des forteresses sassanides. La question qui se pose est de savoir si ces éléments sont d'origine iranienne, c.-à-d. des créations iraniennes des époques pré-sassanides, ou par contre, si ils furent empruntés à d'autres civilisations.

Nous n'avons nullement l'intention de développer cette question, si complexe, dans cet article; ceci n'entre d'ailleurs pas dans le vif de notre sujet et nécessiterait d'ailleurs de plus amples investigations. Nous voulons seulement examiner quelles civilisations auraient pu influencer ou contribuer à la formation des forteresses sassanides.

L'étude des villes fortifiées et des forteresses de *l'Asie antérieure ancienne* se heurte à de grandes difficultés du fait que les fouilles ne mettent le plus souvent au jour que les soubassements des murs, si bien que des éléments importants de la défense, tels que l'élévation des tours, les archères, la toiture avec son couronnement éventuel de merlons ou de créneaux, ne peuvent être reconnus. On procède alors fréquemment à des modèles de reconstitution. Bien que la représentation de villes fortifiées et de forteresses sur les bas-reliefs assyriens, découverts dans les palais de Nimrud, de Ninive, de Khorsa-

[51] D. Huff, 1978, *op.cit.*, fig. 1 (Qal'ah-i Dukhtar, Fīrūzābād).

[52] R. Naumann, Die Ruinen von Tacht-e Suleiman und Zendan-e Suleiman, Berlin, 1977, p. 47, fig. 24 (Takht-i Sulaimān).

[53] R. Besenval, Technologie de la voûte dans l'Orient Ancien, Paris, 1984, vol. 1, pp. 141, 142; vol. 2, pl. 190, 191.

[54] Nous n'avons pas fait de références au site bien connu de Sarvistān, dont la datation à l'époque sassanide ou au début de l'époque islamique reste encore sujet à discussion. Nous sommes plutôt enclin à accepter la thèse de L. Bier (Sarvistan. A Study in Early Iranian Architecture, Philadelphia, 1986), qui situe Sarvistān au début de l'époque islamique. Nous émettons néanmoins des réserves concernant son interprétation de ce monument en tant que temple du feu.

bad etc., peuvent nous livrer des renseignements utiles, les tentatives de reconstructions doivent néanmoins être interprétées avec beaucoup de circonspection. Les remparts des villes et des forteresses assyriennes, constitués par des murs épais en briques, étaient pourvus à intervalles réguliers de bastions massifs quadrangulaires couronnés de créneaux[55]. Les ouvertures carrées pratiquées dans les murs ne pouvaient faire office de meurtrières, puisque, conformément à la représentation sur les reliefs, les défenseurs ne décochaient jamais leurs flèches par ces ouvertures, mais ils étaient installés au sommet des fortifications derrière les créneaux; la défense se pratiquait donc depuis le sommet des murailles.

De même, les fortifications et les remparts des villes hittites et syro-hittites[56] étaient pourvues de bastions carrés massifs démunis de meurtrières.

Les Urartéens, dont le royaume, situé dans le massif montagneux d'Arménie se développa du 9e au 7e siècle av. J.C., étaient, comme les Hittites et Syro-Hittites, de grands bâtisseurs de villes fortifiées et de forteresses. Les remparts étaient également massifs, et renforcés par des tours rectangulaires peu saillantes[57].

Les fortifications assyriennes, hittites et syro-hittites, de même que celles des Urartéens étaient donc pourvues de tours massives quadrangulaires, jamais circulaires, et démunies d'archères.

En *Irān*, c'est surtout à partir de l'âge du Fer II et III (époque mède?)[58], que les fouilles effectuées à Gūdīn Tépé[59], Nūsh-i Djān[60], Bābā Djān[61],

[55] E. Porada, Battlements in the military architecture and in the symbolism of the Ancient Near East, *dans* Essays in the History of Architecture presented to Rudolf Witthower, London, 1967, pp. 4-6; A. Gunter, Representations of Urartian and Western Iranian Fortress Architecture in the Assyrian Reliefs, *dans* Iran, vol. XX, 1982, pp. 103-112.

[56] A. A. Kampman, De historische betekenis der Hethietische vestingbouwkunde, Leiden, 1947; R. Naumann, Architektur Kleinasiens, von ihren Anfängen bis zum Ende der hethitischen Zeit, Tübingen, 1971, pp. 236-335, fig.

[57] Th. B. Forbes, Urartian Architecture, Oxford, 1983, pp. 5-40, fig. Une plaque urartéenne en bronze représente une forteresse, peut-être celle de Toprak Kale (L. Vanden Berghe, L. De Meyer, Urartu, een vergeten cultuur uit het bergland Armenië, Gent, 1982, p. 126, fig. 12); les niches dans les murs de cette forteresse sont parfois considérées comme des archères, ce qui nous semble très incertain.

[58] Il existait en Irān des sites fortifiés bien avant cette période. Des fortifications à tours massives et circulaires furent mises à jour p.ex. à Ravāz, datant du 3e/2e millénaire av. J.C. (W. Kleiss, Ravaz und Yakhvali, Zwei befestigte Plätze des 3. Jahrtausends, *dans* Archaeologische Mitteilungen aus Iran, Neue Folge, Band 12, 1979, pp. 27-47, p. 32 (plan), fig. 7).

[59] A Gūdīn Tépé, la forteresse, de plan rectangulaire, comptait sept tours creuses, dont six de forme carrée et une en quart-de-cercle; elles étaient percées d'archères sagittales (T. C. Young, L. Levine, 1974, *op.cit.*, p. 117, fig. 38, pl. XXVII).

[60] A Nūsh-i Djān, le mur d'enceinte et la forteresse de plan rectangulaire étaient renforcés de tours ou bastions massifs rectangulaires, percés d'archères sagittales (D. Stronach, 1969, *op.cit.*, pp. 13, 14, fig. 5; D. Stronach & M. Roaf, Excavations at Tepe Nush-i Jan. Third Interim Report, *dans* Iran, vol. XVI, 1978, p. 2, fig. 1; J. Curtis, Nush-i Jan III. The small finds with an introduction by D. Stronach, London, 1984, fig. 1).

[61] A Bābā Djān, un manoir fortifié, de plan rectangulaire, était pourvu de quatre tours d'angle et

Hasanlū[62] et Zindān-i Sulaimān I-II[63], ont révélé des murs d'enceinte de forteresses et de manoirs flanqués de bastions carrés ou rectangulaires massifs ou creux et parfois percés d'archères sagittales.

L'architecture militaire de l'époque achéménide (550-330 av. J.C.), qui présente une continuité avec celle de l'âge du Fer, est mal connue en Irān. Les citadelles fortifiées autour des résidences royales de Pasargades[64] et de Persépolis[65] avaient des murailles épaisses munies de tours rectangulaires ou carrées creuses. A Persépolis, ces tours étaient percées d'archères sagittales.

La documentation archéologique concernant les fortifications et les forteresses de la période séleucide (330-250 av. J.C.) et parthe (250 av. J.C. - 224 après J.C.) en Irān est encore restreinte.

Nous pouvons mentionner pour l'époque parthe, l'enceinte fortifiée de Shahr-i Qumīs[66] (probablement l'antique Hecatompylos) et la muraille de défense dans le Gurgān[67]; l'enceinte et les forts de Neh[68] dans le Khurāsān; les fortins du Sīstān[69]; la forteresse de Qalʿah-i Yazdīgird[70] dans le Kurdistān; et les terrasses fortifiées de Bard-i Nishāndah et de Masdjid-i Sulaimān[71] dans le Khūzistān.

Cet aperçu général relatif aux antécédents des éléments architecturaux des forteresses sassanides de plan carré et tours d'angle circulaires, montre que

de bastions creux, de forme rectangulaire (Cl. Goff, Excavations at Baba Jan. The architecture of the East Mound, levels II and III, *dans* Iran, vol. XV, 1977, p. 118, fig. 2).

[62] A Hasanlū (str. IV),l'enceinte de la forteresse est pourvue de bastions quadrangulaires massifs (R. H. Dyson, The Death of a City, *dans* Expedition, vol. XI, 3, 1960, fig. p. 7).

[63] Au Zindān-i Sulaimān, le mur d'enceinte est renforcé de bastions rectangulaires creux (W. Kleiss, Zendan-i Suleiman. Die Bauwerke, Berlin, 1971, pp. 52, 53, fig. 46, 47).

[64] D. Stronach, Pasargadae, Oxford, 1978, pp. 146-159, fig. 6.

[65] A. B. Tilia, 1969, *op.cit.*, pp. 9-42, p. 61; K. Krefter, Persepolis. Rekonstruktionen, Berlin, 1971, Beilage 36.

[66] Les remparts de Shahr-i Qumīs ont des tours rectangulaires creuses (J. Hansman, D. Stronach, A Sasanian Repository at Shahr-i Qūmis, *dans* Journal of the Royal Asiatic Society, 1970, p. 37, fig. 3).

[67] Le gigantesque ouvrage nommé 'Le mur d'Alexandre du Gurgan' compte 33 fortins, qui cependant ne datent pas tous de l'époque séleucide et parthe (M. Y. Kiani, Parthian Sites in Hyrcania. The Gurgan plain, *dans* Archaeologische Mitteilungen aus Iran. Ergänzungsband 9, 1982, pp. 39-61, fig. 1).

[68] Le mur d'enceinte de Neh a des bastions semi-circulaires et une tour d'angle à section en trois-quart de cercle; le fort principal 'Haupt-Fort', de plan rectangulaire, possède des bastions semi-circulaires et deux tours d'angle circulaires (U. W. Hallier, Eine parthische Stadt in Ostpersien, *dans* Archaeologische Mitteilungen aus Iran, Neue Folge, Band 7, 1974, pp. 173-190, 3 fig., 1 pl.).

[69] Ces fortins du limes du Sīstān, qui sont situés au sud du village de Seh Kūhak, à 30 km au sud de Zabul, ont tous un plan quadrangulaire (de ca. 15 à 16 m de côté), renforcés de tours d'angle circulaires. Considérés comme étant de l'époque parthe, il n'est pas exclu qu'ils datent de l'époque sassanide (G. Gullini, 1964, *op.cit.*, p. 303).

[70] Le mur d'enceinte de la forteresse, qui date de la fin de l'époque parthe, est renforcé par des bastions carrés (J. Keall, Qal'ah-i Yazdigird. An Overview of the Monumental Architecture, *dans* Iran, vol. XX, 1982, p. 54, fig. 3).

[71] R. Ghirshman, Terrasses sacrées de Bard-é Nechandeh et Masjid-i Soleiman, Mémoires de la Délégation archéologique de l'Iran, Tome XLV, Paris, 1976, vol. Texte, plan I, II (Bard-i Nishāndah, plan III (Masdjid-i Sulaimān).

jusqu'à ce jour, ces éléments n'ont pas été reconnus aux périodes pré-sassanides en Irān proprement dit. Il faut donc rechercher ses origines en dehors du plateau iranien. Deux régions, notamment l'Asie centrale et la Mésopotamie-Syrie offrent des renseignements significatifs à ce sujet.

En *Asie Centrale* (fig. 17), à savoir l'ancienne Parthyène, Margiane, Bactriane, Sogdiane et Chorasmie, qui couvrent actuellement le nord de l'Afghanistān et les républiques soviétiques de Turkmenistān, d'Uzbekistān, de Tadjikistān, les fouilles archéologiques françaises et soviétiques ont découvert ou mis à jour au cours de ces dernières décennies, de nombreuses fortifications (fig. 10) s'échelonnant depuis l'âge du Bronze jusqu'à l'époque islamique comprise[72].

Certains éléments architecturaux des forteresses sassanides en Irān, tels que le plan carré, le mur d'enceinte renforcé de bastions semi-circulaires et de tours d'angle circulaires creuses ou massives, apparaissent déjà dans ces régions certainement dès l'âge du Bronze[73] et se perpétuent jusqu'aux périodes historiques (fig. 10).

Si à l'époque achéménide, les remparts des villes et des forteresses sont le plus souvent de plan circulaire, il existe néanmoins des forteresses (telle que celle de Bandykhān-Tépé en Bactriane) de forme quadrangulaire, munies de tours d'angle circulaires creuses.

Les fortifications hellénistiques d'Asie centrale méridionale (Bactriane — Sogdiane et Margiane — Parthyène) sont , comme celles du monde hellénis-

[72] H. P. Francfort a consacré une monographie (Les fortifications en Asie centrale de l'âge du Bronze à l'époque kouchane, Paris, 1979, 95 p., 18 fig.) aux forteresses en Asie centrale, dans laquelle il a largement fait usage des résultats des fouilles et des publications en langue russe des savants soviétiques: M. Diakonov, M. E. Masson, G. A. Košelenko, G. A. Pugačenkova, V. I. Sarianidi, S. P. Tolstov etc....
Un nombre important de ces fortifications ne peuvent être datées avec précision (voir également le compte-rendu de G. Bergamini, *dans* Mesopotamia, vol. XVI, 1982, pp. 169-176); Br. Dagens, M. Le Berre, D. Schlumberger, Monuments préislamiques d'Afghanistan (= Mémoires de la Délégation archéologique française en Afghanistan, vol. XIX, 1984, 105 p., 19 fig., XLV pl.

[73] Nous nous limitons à quelques exemples. A *Mullali Depe*, situé dans l'oasis de Geokoym (Turkmenistān méridional), des fouilles ont mis au jour une fortification munie de cins tours circulaires creuses, et datée de ca. 3500 av. J.C. = Namazgāh II (Ph. L. Kohl, Central Asia. Palaeolithic Beginning to the Iron Age, Paris, 1984, p. 87, fig. 10). A *Dashlī I*, près de Bactres, en Afghanistān septentrional, une fortification de forme quadrangulaire (99 m × 85 m) est renforcée de tours d'angle rondes probablement creuses. Les murs sont flanqués de tours semi-circulaires. Cette fortification du début du 2ᵉ millénaire av. J.C. (= Namazgāh VI) serait la plus ancienne de ce type connue en Asie centrale (V. I. Sarianidi, Ancient Horasan and Bactria, *dans* Le Plateau Iranien et l'Asie centrale. Des origines à la conquête islamique (Ed. J. Deshayes), Paris, 1977, p. 120 et p. 139, fig. 3; V. I. Sarianidi, Die Kunst des Alten Afghanistan, Leipzig, 1986, p. 56).
De même dans l'oasis *Togolok* (Turkmenistān), le site 21 représente une forteresse carrée de 35 m de côté; celle-ci renforcée par des tours d'angle circulaires, date entre 1800-1500 av. J.C. = Namazgah VI B (V. I. Sarianidi, Margiana in the Bronze Age, *dans* Ph. Kohl, The Bronze Civilisations of Central Asia, New York, 1981, pp. 180, 181, fig. 9).

tique méditérannéen, de plan quadrangulaire avec des tours rectangulaires massives (p.ex. à Ai Khanum, Bégram, Bactres, Merv, Vieille Nisa etc.). Par contre, en Chorasmie, on continue à bâtir des fortifications quadrangulaires renforcées de tours circulaires.

La tradition hellénistique (forteresses de plan quadrangulaire à tours rectangulaires) se maintient à la période 'Kuchane' du 2e siècle av. J.C. au 4e siècle après J.C. (= la période parthe et début sassanide en Irān) en Asie centrale méridionale (p. ex. à Nouvelle Nisa, Toprak Kale, Durnalī Tépé, Surkh Kotal, Tshil-Burdj). Néanmoins, les forteresses de forme rectangulaire de Kishmān Tépé en Margiane, de Degiz Tépé en Bactriane, possèdent des tours d'angle circulaires. En Chorasmie, les forteresses, de plan rectangulaire, à tours circulaires continuent à subsister (p.ex. à Djakkeh-Parsan)[74].

Les expéditions du premier roi sassanide Ardashīr I (224-242 après J.C.) vers la Margiane (Merv; Balkh) et en Chorasmie, et celles de son successeur Shāpūr I (242-272 après J.C.), qui s'empara de la Parthyène, de la Margiane et du Kuchan, nous incitent à nous demander si les Sassanides n'ont pas été tentés d'emprunter la technique de construction de tours circulaires creuses ainsi que d'autres éléments architecturaux à l'Asie centrale.

A propos de l'origine des éléments architecturaux des forteresses sassanides, il faut aussi prendre en considération les fortifications et les forts à l'ouest de l'Irān, notamment en *Mésopotamie-Syrie*. Il s'agit, d'une part, de celles de l'époque parthe, et d'autre part, des forteresses gréco-romaines, en particulier, les castra et castella du limes romain (et byzantin).

A l'époque parthe, des fortifications en Mésopotamie-Syrie, telles que celles de Hatra et de Dura Europos[75] furent encore érigées dans la tradition hellénistique, aux tours quadrangulaires, bien que la tour circulaire ne soit pas totalement inconnue à l'époque hellénistique.

D'autres forteresses parthes en Mésopotamie (fig. 11a-d) comme celles de Tell Bandar à Kish (fig. 11a)[76], de Babylone (fig. 11b)[77], de Nippur (fig. 11c)[78] et surtout celles fouillées ces dernières années à Khirbat Djadda-

[74] H.P. Franckfort, 1979, *op.cit.*, pp. 17, 23 à 28, 31 à 34.

[75] F. Safar, M.A. Mustafa, Hatra, The City of the Sun God, Baghdad, 1974, plan pp. 328, 329. A. von Gerkan, The Fortifications, *dans* Dura Europos. Preliminary Report VII/VIII, New Haven, 1939, pp. 4-61; A. Perkins, The Art of Dura Europos, Oxford, 1973, p. 16, fig. 2.

[76] S. Langdon, Excavations at Kish and Barghuthiat 1933, I Sassanian and Parthian Remains in Central Mesopotamia, *dans* Iraq, vol. I, 1934, p. 121, fig. 5 et p. 122, fig. 6; Mc. Gibson, The City and Area of Kish, Coconut Grove Miami, 1972, p. 91, fig. 44.

[77] Fr. Wetzel, E. Schmidt, A. Mallowitz, Das Babylon der Spätzeit, *dans* Wissenschaftliche Veröffentlichungen der Deutschen Orient Gesellschaft, vol. 62, 1957, pp. 24-26, pl. 13.

[78] J. Knudstad, A Preliminary Report on the 1966/1967 Excavations at Nippur,*dans* Sumer, vol. XXIV, 1968, pp. 95-103, pl. 1 (Nippur phase I), pl. 2 (Nippur, phase II), pl. 3 (Nippur phase III); and E.J. Keall, Historical Summary, pp. 103-106. E.J. Keall, Parthian Nippur and Vologases Southern Strategy: A Hypothesis, *dans* Journal of the American Oriental

lah (fig. 11d) au nord-est de Hatra, et dans le Hamrīn, à Tell Abū Su'ūd, Telul al Khubarī, Tell Ibn Alwān, Tell Irshaidah se caractérisent par une enceinte quadrangulaire, renforcée de tours d'angle circulaires creuses ou massives et sur les flancs de tours semi-circulaires. Certaines ont des bâtiments acolés à la face intérieure de la muraille, s'ouvrant sur une cour intérieure (Khirbat Djaddalah)[79].

Ces constructions parthes en Mésopotamie possèdent donc des éléments importants qu'on retrouve ultérieurement dans les forts sassanides, p.ex. à Abū Sh'af (fig. 11c)[80]. Le plan de ces forteresses parthes en Mésopotamie, déjà pleinement développé dès la 1ère moitié du 2e siècle après J.C. (Khirbat Djaddalah: 141 après J.C.)[81] n'a probablement pas été influencé par celui des castra du limes romain[82].

Les Romains, et après eux les Byzantins, érigèrent de nombreuses forteresses (castra, castella) pour renforcer leurs lignes de défense, les 'Limes', qui s'étendaient de Trabzon sur la Mer Noire jusque Aqaba à la Mer Rouge, dans le but de repousser les Parthes et ensuite les Sassanides, mais aussi pour se défendre contre les attaques des Bédouins du désert (fig. 12)[83].

Society, vol. 95, 1975, pp. 620-632, fig. 6: La forteresse de Nippur, phase II date du début du 2e siècle après J.C.).

79 G. Bergamini (Parthian Fortifications in Mesopotamia, *dans* Mesopotamia, vol. XXII, 1987, pp. 195-214, 20 fig.) reflète l'importance de ces forteresses dans le cadre de l'évolution de la forteresse parthe. Voir aussi J. Khalil Ibrahim, The excavations of Khirbet Jaddilah, *dans* Sumer, vol. XXXVI, 1980, pp. 163-165 (plan p. 165); J. Khalil Ibrahim, The Excavations of Khirbet Jaddilah, *dans* Sumer, vol. XXXIX, 1983, pp. 217-234; A. R. Muhammad Ali, Tell Abu Su'ud, *dans* Sumer, vol. XXXV, 1979, pp. 546-548.

80 A. Al-Kassaf, Abu Sh'af, *dans* Sumer, vol. XXXV, 1979, pp. 470-471, plan p. 170, fig. 1 (= Bergamini, 1977, *op.cit.*, p. 210, fig. P).

81 Le fort d'ed-Dur (pl. 24) dans l'Emirat d'Umm al Qaiwain, de plan quadrangulaire (22,30 m × 20,40 m) est muni de tours d'angle creuses de forme plutôt ovale. Ce bâtiment qui peut être daté, tant bien par la céramique que par les monnaies (e.a. de Characène) du 1er/2ème siècle de notre ère, a été fouillé en 1973 par une mission iraquienne (R. al-Qaisy, Archaeological Investigations and Excavations at the State of the United Arab Emirates — Arabian Gulf, *dans* Sumer XXXI, 1975, p. 140 (en arabe).
La recherche récente sur ce vaste site de 4 km^2, par une équipe européenne composée d'équipes des Universités d'Edinburgh, de Gent, de København et de Lyon, a confirmé cette datation.
En décembre 1988, j'ai eu le plaisir de pouvoir visiter le site, lors de la 2e campagne archéologique belge aux Emirats Arabes Unis, sous la direction du Dr. E. Haerinck et organisée par le Séminaire d'Histoire de l'Art et d'Archéologie du Proche-Orient de l'Université de Gent.

82 G. Bergamini, 1987, *op.cit.*, pp. 210-212. 'As regards military installations, no Roman parallels antedate it. The forts of the Trajan's limes like Lajjun, Odruh or Dumayr, show no flanking inner structures ... Only since Diocletian onward, the square walled enclosure with central courtyard, the late Roman 'Castellum' shall be settled in the definite lay-out'.

83 Concernant les 'castra et castella' du limes romain en Mésopotamie-Syrie-Jordanie, nous ne pouvons mentionner que quelques publications importantes: R. N. Brünnow, A. von Domaszewski, Die Provincia Arabia, 3 Bände, Strassburg, 1904, 1906, 1909; A. Poidebard, La trace de Rome dans le désert de Syrie. Le Limes de Trajan à la conquête arabe. Recherches aériennes 1925-1932, Paris, 1934, 1 vol. texte 213 p., 1 vol. CXXXVII pl.; R. Mouterde, A. Poidebard, Le limes de Chalcis. Organisation de la steppe en Haute-Syrie romaine. Documents aériens et

Ce système de défense se répartissait en trois zones: a. le limes de l'Asie Mineure, allant de la Mer Noire (Trabzon) jusqu'à l'amont de l'Euphrate, fut déjà aménagé dès l'empereur Vespasien (61-79 après J.C.); b. le limes de la Mésopotamie-Syrie, qui s'étendait d'Amida en Arménie jusqu'à Bostra et c. le Limes Arabicus, qui de Bostra se dirigeait vers la Mer Rouge.

Le limes de la Mésopotamie-Syrie et le Limes Arabicus se développèrent à partir de Trajan(98-117 après J.C.), mais surtout dès Septime-Sevère (193-211 après J.C.) pour atteindre son plus grand épanouissement à partir de Dioclétien (286-305 après J.C.), empereur de la partie orientale de l'empire en 293 après J.C.[84].

Le plan des castra et des castella du limes romain d'Orient est quadrangulaire, à savoir rectangulaire, carré (le plus en usage) ou même parfois trapézoïdal. La muraille est renforcée de bastions et de tours d'angle rondes ou carrées. Même si on constate que les tours rondes sont déjà attestées au temps de Trajan, il s'avère néanmoins que les tours carrées sont les plus répandues et semblent être caractéristiques de l'époque de Dioclétien et de ses successeurs[85].

Il n'est pas exclu que les Sassanides ont pu prendre connaissance de ces constructions romaines, depuis que les rois Shāpūr I (242-272 après J.C.), Shāpūr II (309-379 après J.C.) attaquèrent et assiégèrent un grand nombre de forteresses, lors de leurs campagnes contre les Romains. En plus, parmi les prisonniers romains amenés en captivité en Perse, se trouvaient des architectes et des techniciens contraints à participer aux grands travaux publics, notam-

épigraphiques, Paris, 1945; J. Wagner, Vorarbeiten zur Karte 'Ostgrenze der römischen Reiches', im Tübinger Atlas des Vorderen Orients, *dans* Limes, Akten des XI. Internationalen Limeskongresses (Székesfehervan 30.8-6.9.1976 (herausgegeben von J. Fitz), Budapest, 1977, pp. 669-704, 5 fig., 21 pl.; J. Lander, Typology and Late Roman Fortification: The Case of the Diocletianic Type, *dans* Roman Frontier Studies 1979 (= Papers presented to the International Congress of Roman Frontier Studies, edited by W.G. Hanson and L.J. Kappre) part III, Oxford, 1980, pp. 1051-1060, fig. 721-723.

Ces dernières décennies, des prospections et des fouilles systématiques se rapportant au limes romain oriental et surtout au limes Arabicus, ont été effectuées en Jordanie et en Syrie; voir e.a. S.T. Parker, Archaeological Survey of the Limes Arabicus. Preliminary Report, *dans* Annual of the Department of Antiquities of Jordan, vol. 21, 1976, pp. 19-31; D. L. Kennedy, Archaeological Explorations on the Roman Frontier in North-East Jordan, Oxford, 1982, 374 p., 49 fig., 48 pl.; Ph. Freeman, D. Kennedy, The Defence of the Roman and Byzantine East (British Institute of Archaeology at Ankara, Monograph n. 8 = BAR International Series 297), Oxford, 1986 (en particulier l'article de S. Th. Parker, Retrospective on the Arabian Frontier, after a Decade of Research, pp. 633-660).

[84] A cause des changements fréquents dans la possession des régions frontalières, il est parfois difficile de savoir si les vestiges de certaines forteresses doivent être attribuées aux Romains ou à leurs adversaires. De plus, les Romains ont également réutilisé des forteresses plus anciennes, telles que celles des Nabatéens dans la province d'Arabie.

[85] Castra et castella à tours rondes, p.ex.: Al Ladjdjūn, Al Udruh, Al Qasṭal, Dumayr, Khān al-Qaṭṭar, Khān ez-Zebib, Khān al-Basirī, Khirbat al-Khān, Mudjayir...; castra et castella à tours quadrangulaires: Da'Djaniyah, Qaṣr Bshayr, Deir al-Kahf, Qaṣr al-Hallabāt, Umm er-Rashas, Muhuttat al-Hadj, Qaṣr al Azraq...

ment à la construction de routes, de ponts, de barrages et peut-être aussi à l'édification de forteresses[86].

Par conséquent, nous pouvons émettre l'hypothèse de l'influence des constructions militaires romaines dans la formation des forteresses sassanides de plan quadrangulaire, flanquées de tours arrondies et de tours d'angle circulaires creuses et munies de meurtrières.

Toutefois des divergences apparaissent, surtout dans la disposition des chambres à l'intérieur de l'enceinte. Les salles des castra et castella romains n'étaient que rarement adossées à la muraille, mais plutôt dispersées sur toute l'aire à l'intérieur de l'enceinte de la forteresse, le plus souvent dépourvue d'une cour centrale.

Au terme de cet exposé relatif aux origines des éléments architecturaux des forteresses sassanides, nous envisageons plutôt la recherche des antécédents dans les constructions parthes de Mésopotamie (sans doute, de telles forteresses parthes existaient également en Irān même), et d'Asie centrale. Les Romains ont pu contribuer au perfectionnement de la construction des forteresses et autres édifices sassanides.

* * *

II Les châteaux omayyades

A. *Les caractéristiques des châteaux omayyades*

Les califes omayyades (661-750 après J.C.) étaient de grands bâtisseurs de châteaux, qu'ils firent construire dans le désert syro-jordanien[87]. Les motifs qui ont amené les califes à ériger ces résidences, ainsi que leur fonction ont

[86] Lors de la victoire du roi sassanide Shāpūr I sur l'empereur romain Valérien à Edesse en 260 après J.C., 70.000 Romains avaient été amenés comme prisonniers en Perse. Le roi sassanide Shāpūr II s'empara en 360 après J.C. de la ville frontière de Singara. Deux légions romaines furent envoyées en captivité, et parmi celles-ci des techniciens qui furent employés éventuellement à la construction de forteresses.

[87] En ce qui concerne les châteaux omayyades, voir: K. A. C. Cresswell, Early Muslim Architecture Ummayads, A.D. 622-750, 2 vol., Oxford, 1940 (1e ed.), 1969 (2e ed.), 630 p., ill.; K.A.C. Cresswell, A Short Account of Early Muslim Architecture, Suffolk, 1958, 330 p., 54 fig., 72 pl.; O. Grabar, Umayyad 'Palace' and the 'Abbasid' Revolution, *dans* Studia Islamica, vol. XVIII, 1962, pp. 5-18; O. Grabar, The Formation of Islamic Art, New Haven — London, 1987, 232 p., 131 fig. (= revised and enlarged edition of 1973); H. Gaube, Die Syrischen Wüstenschlösser. Einige Wirtschaftliche und Politische Gesichtspunkte zur ihrer Entstehung, *dans* Zeitschrift der Deutschen Palestina-Vereins, Band 95, 1979, pp. 182-209, 6 Karte; J. Sauvaget, Remarques sur les monuments omeyyades, *dans* Journal Asiatique, vol. CCXXXI, 1939, pp. 1-59, 13 fig.; J. Sauvaget, Châteaux umayyades de Syrie: Contribution à l'étude de la colonisation arabe aux Ier et IIe siècles de l'Hégire, *dans* Revue des études islamiques, vol. 35, 1967, pp. 1-32.

fait le sujet de différentes interprétations. Celle de H. Lammens[88], la plus ancienne et encore largement répandue, considère que ces créations, dont la plupart sont situées dans des régions plus ou moins désertiques, étaient des châteaux de plaisance. Les califes ou princes omayyades, nostalgiques de la chasse et des chevauchées en raison de leur origine bédouine, voulaient fuir périodiquement les villes pour l'air pur du désert où ils pouvaient échapper aussi aux épidémies qui ravageaient périodiquement ces villes. De plus, dans ces résidences éloignées et isolées, ils pouvaient se permettre un certain libertinage et se soustraire plus facilement aux prescriptions rigoureuses de l'Islām au sujet du vin, des femmes etc. La théorie de H. Lammens a été réfutée, près de trente ans après, par J. Sauvaget[89]. Les califes et les princes omayyades, écrit-il, étaient, en fait, des citadins de la Mecque. Devenus maîtres du nouveau pays, la Syrie, ils cherchaient comme auparavant à fuir la ville pour la campagne avec ses vastes espaces pour la chasse, mais surtout pour la possibilité de développer le rendement agricole de ces domaines fonciers, qui leur procuraient de substantiels revenus. Ces exploitations étant installées dans des régions où l'alimentation en eau était insuffisante pour une quelconque agriculture, il fallait donc aménager tout un système élaboré d'irrigation et de conservation de l'eau, ce qui aurait été prouvé par l'étude de l'environnement et de certaines infrastructures destinées à l'alimentation et à la conservation de l'eau à l'intérieur de ces résidences. D'autres théories ont encore été avancées[90].

Ces châteaux, situés aujourd'hui pour la plupart en Jordanie et en Syrie, quelques-uns au Liban et en Israël, ont été érigés sous le règne des califes Abd al-Malik (685-705 après J.C.), Al Walīd I (705-715 après J.C.), Yazīd II (720-724 après J.C.), Hishām (724-743 après J.C.) et Al-Walīd II (743-744 après J.C.) (fig. 18)[91].

[88] H. Lammens, La Bādiya et la Ḥīra sous les Omaiyades, *dans* Mélanges de la Faculté orientale de Beyrouth, vol. IV, 1910, pp. 91-112, H. Lammens, Études sur le siècle des Omayyades, Beyrouth, 1930, pp. 325-350.

[89] J. Sauvaget, 1939, *op.cit.*, p. 59; J. Sauvaget, 1967, pp. 1-32.

[90] D'après O. Grabar (1973 *op.cit.*, pp. 32, 33; 1987, *op.cit.*, p. 31) la situation des châteaux omayyades dans des régions isolées s'expliquerait par le fait que les conquérants omayyades ne pouvaient se procurer que d'anciens domaines d'Etat et des terres désertées par leurs propriétaires, qui furent ensuite transformés en exploitations agricoles.
H. Gaube, (1979, *op.cit.*, pp. 205 sq.) émet l'hypothèse que les châteaux omayyades installés dans des régions isolées, avaient d'abord une fonction de contrôle sur les nomades et qu'ils furent ensuite (à partir de 715 après J.C.) transformés en résidences luxueuses et de prestige.

[91] *En Jordanie.* Construits sous Al-Walīd I: Qaṣr al-Kharānah, Al-Qasṭal, Qaṣr al-Burqū'; sous Yazīd II; Al-Muwaqqar; sous Hishām: Khirbat al-Mafdjar, Hammān aṣ-Ṣarrākh, Qaṣr al-Ḥallabāt; sous Al-Walīd II: Quṣair 'Amra, Qaṣr at-Ṭūba, Qaṣr al-Azrāq, Mshatta, Qaṣr al-Bayir (Al Walīd II?).
En Syrie. Construits sous Abd al-Malik: Djābiyah, Deir Muṭrān; sous Al-Walīd I: Djabal Sīs, Khanāṣir, Qariatīn; sous Hishām: Qaṣr al-Ḥair ash-Sharqī, Qaṣr al-Ḥair al-Gharbī, Ruṣāfa.

Ces châteaux (fig. 13) sont constitués par une résidence aménagée à l'intérieur d'une enceinte quadrangulaire, munie de tours d'angle rondes et flanquée de tours semi-circulaires. A l'intérieur, les salles sont adossées à la muraille d'enceinte et disposées autour d'une cour intérieure. Les chambres d'habitation sont regroupées (cinq ou davantage, celle du centre est généralement rectangulaire) en unités séparées, constituant ainsi des Bayts. A l'intérieur, en face de la porte d'entrée, flanquée de tours monumentales, se trouve la salle de réception, souvent de plan basilical pourvue à son extrémité d'une abside. A l'étage, les chambres sont réparties suivant le même dispositif qu'au rez-de-chaussée.

La plupart de ces palais avaient une mosquée[92], ainsi qu'un hammām[93], qui étaient souvent séparés de la résidence proprement dite.

B. *Les châteaux omayyades et les 'castella' du limes romain-byzantin.*

Les Omayyades se sont inspirés, sans aucun doute, des castra et castella romains et byzantins de la région où ils ont établi leurs palais. Cette influence peut s'expliquer tout d'abord par l'itinéraire que les Omayyades ont suivi lors de leurs conquêtes en Syrie-Palestine où ils ont certainement dû rencontrer une suite de forts romains et byzantins[94]. Certains de ces castella ont même été habités[95], d'autres ont été transformés[96]. Ils avaient dès lors une connaissance suffisante pour pouvoir les bâtir eux-mêmes et pour les adapter à leur goût.

Si les Omayyades ont emprunté le schema de base des constructions militaires romaines/byzantines, à savoir le plan carré bordé par des tours

Au Liban. Construits sous Abd al-Malik: Ba'albak; sous Al-Walīd I: ʿAndjar (= Ain al-Djarr).
En Israël. Construits sous Abd al-Malik: Aṣ-Ṣinnabra; sous Al-Walīd I: Khirbat al-Minya.

92 La mosquée se trouvait à l'intérieur de l'enceinte: p.ex.: à Khirbat al-Minya, Qaṣr al-Ḥair ash-Sharqī, Mshatta, Qaṣr aṭ-Ṭūba, ou à l'extérieur dans le voisinage: p.ex. à Qaṣr al-Ḥair al-Gharbī, Al Qaṣṭal, Djabal Sīs, Khirbat al-Mafdjar.

93 Khirbat al-Mafdjar, Qaṣr al-Ḥair ash-Sharqī, Qaṣr al-Ḥair al-Gharbī, Djabal Sīs, Khirbat al-Minya, et spécifiquement Quṣair ʿAmra et Hammām aṣ-Ṣarrākh; ces deux derniers ont un plan assez différent des autres châteaux.

94 P.ex. les castra et castella romains de Dū'Djaniyah, de Al Ladjdjun, de Dumayr...

95 Les castra et castella romains de Qaṣr al-Azraq, de Qaṣr al-Hallābāt. Qaṣr al-ʿAzrāq fut construit par Septime Sévère, réorganisé sous Dioclétien et devint un palais omayyade sous Al-Walīd II; Qaṣr al-Ḥallābāt construit sous Trajan, Hadrien ou Caracalla, puis renouvelé sous l'empereur byzantin Justinien en 529, devint palais omayyade sous Hishām.

96 Des palais omayyades qui, à l'origine, étaient des castra/castella romains ou byzantins citons: Djabal Sīs, Khirbat al-Miniya, Al Qaṣṭāl, Khirbat al-Khān, d'abord un castrum romain, puis un couvent ghassanide, devint ensuite une résidence omayyade. Ruṣāfa et Qaṣr al-Burqūʿ d'abord forts romains et byzantins, furent ensuite transformés en palais omayyades.
La dynastie des Ghassanides, des chrétiens monophysites de souche arabe, règnèrent de la fin du 4e siècle jusque ca. 600 après J.C. sur des Arabes semi-nomades de Syrie méridionale, Jordanie et d'Arabie saoudite septentrionale, et devinrent des vassaux de l'empire byzantin depuis l'empereur Anastase (491-518 après J.C.) jusqu'à l'empereur Maurice (582-600 après J.C.). Les Ghassanides avaient subi l'influence des Romains et des Byzantins.

semi-circulaires et de tours d'angle circulaires, ainsi que quelques autres éléments, tels qu'une entrée principale renforcée de tours, et des entrées secondaires sur chacun des côtés, la fonction et la réalisation en diffèrent cependant. Les châteaux omayyades, se présentent sous un aspect fictif militaire, c.-à-d. qu'ils n'avaient aucune fonction d'ordre militaire, mais étaient des résidences.

Les tours d'angle des châteaux omayyades étaient toujours circulaires et le plus souvent massives; celles qui étaient creuses, renfermaient des latrines ou un escalier conduisant à l'étage. Par contre, les tours d'angle des forts romains et byzantins, le plus souvent quadrangulaire, étaient pourvues de locaux intérieurs, destinés à servir de poste de tir (principalement dans les castra (Udruh, al Ladjdjun...; ceux-ci avaient cependant de tours d'angle circulaires).

Les chambres des châteaux omayyades étaient adossées au mur d'enceinte et disposées autour d'une cour centrale. Par contre, les salles des castra et castella romaines étaient tout autrement disposées; elles étaient dispersées à l'intérieur de l'enceinte, et de ce fait, il n'existait aucune véritable cour centrale. (p.ex. à Dā Djāniyah, Qaṣr Bshair, al Ladjdjun, Khān el Ḥallābāt). Enfin, les forts romains et byzantins se présentaient sous un aspect plutôt sévère sans décor. L'austérité des palais omayyades était souvent atténué par l'emploi de moulures, d'aménagement de niches et d'autres éléments architecturaux; de plus, ils étaient souvent ornés de stucs, de fresques et de mosaiques.

C. *La comparaison du château-fort de Pūskān avec les châteaux omayyades*

La ressemblance majeure du château-fort de Pūskān avec les châteaux omayyades réside dans le plan carré, muni de tours d'angle et dans la présence de salles disposées autour d'une cour centrale[97], et aussi par le fait que les chambres ont une voûte légèrement brisée[98]. Néanmoins, il existe des divergences. A l'encontre du château-fort de Pūskān, qui est renforcé de tours d'angle circulaires et creuses, les châteaux omayyades ont pour la plupart des tours d'angle circulaires et massives; celles qui sont creuses, abritaient souvent des latrines ou un escalier. Les tours d'angle et les murs des châteaux omayyades n'étaient pas percés d'archères (à l'exception de Qaṣr al-Kharānah et de Qaṣr al Ḥair ash-Sharqī) pour la simple raison que les palais omayyades n'étaient pas des forteresses. Les murs du château de Qaṣr al-Kharānah sont percés d'archères sagittales ébrasées[99] qui auraient pu faire office de fausses

[97] P.ex. Mshatta, Qaṣr at-Ṭūba, Qaṣr al-Kharānah, Qaṣr al-Ḥair al-Gharbī, Qaṣr al-Ḥair ash-Sharqī, Khirbat al-Minya, Djabal Sīs.

[98] P.ex. Mshatta, Djabal Sīs, Qaṣr aṭ-Ṭuba.

[99] Voir plan chez H. Stierlin, L'architecture de l'Islam de l'Atlantique au Gange, Fribourg, 1977, fig. 55, pl. 17.

archères ou servir comme ouvertures pour l'aération. Le château de Qaṣr al Ḥair ash-Sharqī abrite dans ses tours, couvertes d'une coupole, une chambre servant de poste d'observation; chaque tour était percée de trois archères ébrasées[100] (du même type que celles de Pūskān).

Les murs des châteaux omayyades étaient flanqués de tours en demi-cercle; le château-fort de Pūskān est démuni de tels bastions, ce qui peut s'expliquer, comme nous l'avons écrit, par les dimensions restreintes des quatre côtés du mur d'enceinte. L'entrée principale des châteaux omayyades est fortifiée par deux tours, qui n'ont pas été aménagées à Pūskān. Dans les châteaux omayyades, l'entrée principale donne directement accès à la cour intérieure; à Pūskān, l'entrée s'ouvre sur un iwān en combinaison avec une pièce centrale carrée du type Chaḥār Ṭāq. L'aménagement et la disposition des chambres à l'intérieur des palais omayyades sont complètement différents à Pūskān. Dans les palais omayyades, les chambres regroupées en unités séparées (Bayts) sont reliées entre elles; à Pūskān, elles ne sont accessibles qu'à partir de la cour intérieure.

Parmi les châteaux omayyades, celui de Qaṣr al-Kharānah (fig. 13d) en Jordanie[101] s'apparente le mieux au château-fort de Pūskān. Ce château, érigé sous al Walīd I (705-715 après J.C.) ou peut-être même sous le règne de son prédécesseur Abd al-Malik (685-705 après J.C.), fut construit en moellons liés par du mortier de plâtre. Ce château, qui présente un plan presque carré de 36,50 m × 35,50 m, est pourvu de tours d'angle rondes et de tours engagées semi-circulaires au milieu des trois côtés. L'unique entrée, qui est flanquée de tours en forme de quart de cercle, est surmontée d'une fenêtre et d'une rangée de niches décoratives. Les murs sont percés d'archères ébrasées de forme sagittale. A l'intérieur, une cour centrale est entourée de locaux d'habitation, adossés au mur d'enceinte. La même disposition des chambres se retrouve à l'étage.

La ressemblance avec Pūskān est due aux éléments suivants: son plan carré de dimensions modérées (les autres châteaux omayyades ont des dimensions plus élevées); les matériaux de construction tels que les moellons liés par du mortier de plâtre; les tours d'angle circulaires (à Qaṣr al-Kharānah massives, à Pūskān creuses); les archères ébrasées (à Qaṣr al-Kharānah de forme sagittale); l'aspect austère et fermé de nature défensive; la construction en deux niveaux et la répartition identique des chambres au rez-de-chaussée et à l'étage; le mode de voûtement des chambres par des voûtes brisées. Ces deux édifices se distinguent cependant par l'aménagement des salles: à Qaṣr al-Kharānah, elles sont regroupées en unités séparées et disposées en deux rangées successives (bayts), tandis qu'à Pūskān, il n'y a qu'une seule rangée

[100] K. A. C. Cresswell, 1958, *op.cit.*, pl. 26, 27.

[101] H. Gaube, Amman, Harāna and Qastal, *dans* Zeitschrift des Deutschen Palestina-Vereins, vol. 93, 1977, pp. 52-86.

de chambres disposée le long des quatre faces intérieures du mur d'enceinte, et ces pièces ne sont accessibles à partir de l'espace central.

III. Les forteresses en Irān du début de l'époque islamique

Après la conquête arabe (642 après J.C.), l'Irān se retrouve d'abord sous la domination omayyade, et subit, de ce fait, l'influence arabe. Sous le Califat des 'Abbasides, qui succèdent en 750 après J.C. aux Omayyades, des gouverneurs locaux et des généraux virent la possibilité de fonder des dynasties en diverses régions de l'Irān. Ces dynasties nationales iraniennes, bien qu'elles reconnaissaient l'autorité des califes de Bāghdād, règnerent de facto, quasiment indépendamment:

1. La dynastie des Ṭāhirides (821-873 après J.C.) principalement au Khurāsān;
2. la dynastie des Ṣaffārides (867-900 après J.C.), au Sīstān;
3. la dynastie des Sāmānides (820-1005 après J.C.), d'abord au Turkestān, et à partir de ca. 900 après J.C. aussi au Khurāsān et au Sīstān;
4. la dynastie des Ziyārides (928-1041 après J.C.) au Tabaristān (= Ghilān et Māzandarān);
5. la dynastie des Būyides (935-1053 après J.C.) en Irān méridional (e.a. dans le Fārs de 934 à 1062/1063 après J.C.) et en 'Irāq.

Sous la domination omayyade et au début du règne des Califes 'Abbasides, l'Irān subit l'influence arabe, qui se manifeste dans plusieurs domaines e.a. dans l'architecture[102], mais bientôt dès l'avènement des dynasties nationales, une renaissance iranienne s'épanouit, et on a recours aux traditions anciennes de l'époque sassanide.

A. *Constructions en Irān de la fin de l'époque sassanide ou du début de l'époque islamique*

Nous examinons quelques édifices dont la datation reste problématique: fin de l'époque sassanide ou début de la domination islamique (cfr. p. 8). Ce sont les monuments de Darwāzah Gachī, de Chahār Dih Dū Gunbadān et de Tang-i Maliūn.

1. A Darwāzah Gachī (fig. 14a)[103], près de Dū Gunbadān, une construction rectangulaire de 22 m sur 17,50 m, considérée comme un caravansérail, bâtie en moellons liés par du mortier de plâtre, comprend des locaux

[102] P.ex. les mosquées de plan arabe sans iwāns, à Damghān Tarikh Khānah, Nayīn, Suse (A. Godard, Les anciennes mosquées de l'Iran, *dans* Athār-i Irān, vol. I, 1936, pp. 187-208, fig. 128-142; R. Ghirshman, Une mosquée de Suse du début de l'Hégire, *dans* Bulletin d'études orientales, vol. XII, 1947/1948, pp. 1-3, 1 pl.

[103] A. Stein (1940, *op.cit.*, p. 119, fig. 8) place cet édifice à la fin de l'époque parthe ou au début de l'époque sassanide; M. Siroux, 1949, *op.cit.*, p. 43, fig. 12.

oblongs voûtés, et adossés à la face intérieure du mur d'enceinte; ces salles s'ouvrent sur une cour intérieure rectangulaire.

2. A Chahār Dih Dū Gunbadān (fig. 14b)[104], un bâtiment de 20 m de côté fut construit en moellons liés par du mortier de plâtre. Au milieu de cet édifice se trouve une chambre carrée couverte d'une coupole, et entourée d'un couloir voûté en berceau. Toutes les salles sont adossées à la face intérieure du mur d'enceinte; trois grandes salles oblongues s'ouvrent sur le couloir entourant la pièce centrale. Au sud-est, ces salles sont bordées par des chambres carrées placées aux deux angles de l'édifice. L'entrée est flanquée de chaque côté d'une salle rectangulaire.
3. A Tang-i Maliūn (fig. 14c)[105], un fortin, construit en moellons liés au mortier de plâtre, de plan rectangulaire (29,50 m × 24 m), est renforcé de tours d'angle rondes et massives, et de tours semi-circulaires pleines sur les trois côtés de l'enceinte. Les chambres sont disposées le long du mur d'enceinte; certaines entre elles ne sont accessibles que de la cour intérieure.

B. *Forteresses en Irān des premiers siècles de l'Islām*

Quelques monuments (forteresses, caravansérails), des premiers siècles de l'ère islamique, comme ceux de Rubāṭ-i Zindān, Sīrāf, Dārzīn, Qal'ah-i Fahkand et Farrāshband, se rattachent par certains éléments au château-fort de Pūskān.

1. Rubāt-i Zindān (fig. 14d)[106] près de Rayy, construite par la mise en place d'une succession de lits de gros moellons enrobés dans un mortier de plâtre abondant, montre un plan carré de 16,35 m de côté. Cet édifice comprend deux niveaux (rez-de-chaussée et étage) dont la disposition est identique: quatre chambres aux angles et quatre iwāns axiales autour d'une pièce centrale carrée, surmontées d'une coupole. Les quatre chambres aux angles sont également munies d'une coupole. Les iwāns sont couverts d'une voûte en berceau brisé surbaissé. Ce bâtiment n'est pas renforcé de tours d'angle.
2. A Sīrāf (fig. 15a)[107] sur le Golfe Persique, un fortin, daté de la fin du 9e siècle après J.C. a été fouillé partiellement. L'enceinte, de plan approximativement carré (21 m sur 22 m de côté) était renforcée de tours d'angle creuses, dont deux de forme circulaire, et deux de forme quadrangulaire. A

[104] A. Stein, 1940, *op.cit.*, pp. 63-68, fig. 7; Kl. Schippmann, Iranische Feuerheiligtümer, Berlin, 1971, pp. 212-215, fig. 28 (Ces deux auteurs datent cet édifice à l'époque sassanide, A. Stein le considère comme un manoir, Kl. Schippmann comme un temple du feu). Voir aussi H. Gaube, Die Südpersische Provinz Arrağān/ Kūh-Gīlūyeh von der Arabische Eroberung bis zur Safawidenzeit, Wien, 1973, pp. 50, 64, 78, 79, 125, 208, 209.

[105] A. Stein (1940, *op.cit.*, pp. 60-62, fig. 5) date ce monument à l'époque sassanide.

[106] M. Siroux, Caravansérails de l'Iran et petites constructions routières, Le Caire, 1949, pp. 103-105, fig. 63-65, pl. XI, n. 4.

[107] H. Bakhtiari, Excavations 1976 at Siraf, *dans* Proceedings of the IVth Annual Symposium on Archaeological Research in Iran, Tehran, 1976, pp. 100 à 108, 4 fig. (en persan); H. Bakhtiari, Siraf, *dans* Iran, vol. XIV, 1976, pp. 166, 167.

l'intérieur de l'enceinte les chambres, qui s'ouvrent sur une cour intérieure, sont disposées le long de la muraille d'enceinte. L'entrée principale est située du côté ouest; quatre autres accès au fortin ont été aménagés sur les autres côtés.

3. A Dārzīn (fig. 15b)[108], sur la route de Kirmān à Bam, trois fortins, datés du 8ᵉ siècle après J.C., sont construits en briques crues. L'enceinte quadrangulaire de ces édifices est munie de tours d'angle circulaires massives. L'entrée est renforcé par deux tours semi-circulaires, et d'autres tours du même type sont placées au milieu des trois autres côtés de l'enceinte. Le fortin n. 2 (27,50 m × 26,50 m), le mieux conservé, avait à l'origine une hauteur de 14 m, et comportait trois niveaux (rez-de-chaussée et deux étages). Les chambres, à voûtes elliptiques, sont allignées le long du mur d'enceinte, et s'ouvrent sur la cour intérieure. Des archères sagittales traversent les murs.
4. Le Qal'ah-i Fahkand (fig. 15c)[109], fort situé entre Kūhpayah et Ardistān, est construit en briques crues sur un socle de moellons liés par du mortier. L'enceinte de 19,50 m de côté, est munie de tours d'angle rondes et massives; seule la face est est flanquée d'une tour semi-circulaire. A l'intérieur, l'édifice comporte une série de chambres (réparties sur trois niveaux: rez-de-chaussée et deux étages), autour d'une cour rectangulaire; celle-ci désert directement plusieures chambres oblongues et, indirectement, par un couloir longeant le mur d'enceinte, quatre autres pièces.
5. Dans la plaine de Farrāshband (fig. 15d)[110], un fortin de plan approximativement carré (17 m × 16,50 m) est muni de tours d'angle circulaires massives, et de tours engagées en forme de demi-cercle au milieu de chaque côté. Des chambres rectangulaires voûtées, adossées à la face intérieure du mur d'enceinte s'ouvrent sur une cour centrale[111].

[108] M. Shokoohy, Monuments of the Early Caliphate at Dārzīn in the Kirmān Region (Irān), *dans* Journal of the Royal Asiatic Society of Great Britain and Ireland, 1980, fasc. 1, pp. 3-20, 8 fig. VI pl.

[109] M. Siroux, Anciennes voies et monuments routiers de la région d'Ispahan, Le Caire, 1971, pp. 271 à 273, fig. 91.

[110] E. Herzfeld, Damascus, Studies in Architecture II, *dans* Ars Islamica, vol. X, 1943, p. 26, fig. 5 (E. Herzfeld date ce fortin du 4ᵉ siècle après J.C.).

[111] D'autres forts, datant des premiers siècles de l'Islām, ont été repérés par W. Kleiss au cours de ses nombreuses prospections, notamment à Shamirzād, 'Alīfābād, Hadjīābād...). Ces forts se caractérisent également par une enceinte quadrangulaire, renforcée par des tours d'angle rondes creuses ou massives et par des chambres accolées à la muraille (W. Kleiss, Mittelalterliche Burgen in Elburzgebirge, Südlich von Qom, *dans* Archaeologische Mitteilungen aus Iran, Band 15, 1988, fig. 255: Shamirzād; W. Kleiss, Befestungen und Strassenstationen aus Vorislamischer und Islamischer Zeit in West-Iran, *dans* Idem, Band 8, 1975, p. 213, fig. 3: 'Alīfābād; p. 215, fig. 6, Hadjīābād.
Les caravansérails de cette époque présentent les mêmes caractéristiques: p.ex. le Rubāṭ-i Sangī = Rubāṭ-i Anushīrwān (M. Y. Kiani, The Safavid Caravanserais on the Khurassan Road, *dans* Traditions architecturales en Iran, 1976, pp. 70, 71, plan p. 70 (dans le texte persan); le Rubāṭ-i Karim (M. Siroux, 1949, *op.cit.*, pp. 46-48, fig. 14, pl. II, 1 à 4.

Après cet aperçu des forteresses et autres monuments en Irān, datant de la fin de l'époque sassanide/début époque islamique et des premiers siècles de l'Islām, nous examinons quelques éléments architecturaux qui ressemblent à ceux du château-fort de Pūskān.

a. L'orientation des angles en fonction des points cardinaux.
   Fin de l'époque sassanide ou début de l'époque islamique: Chahār Dih Dū Gunbadān, Tang-i Maliūn.
   Premiers siècles de l'Islām: Rubāṭ-i Zindān, Sīrāf, Dārzīn.
b. La construction en moellons liés par du mortier de plâtre.
   Fin de l'époque sassanide ou début de l'époque islamique: Chahār Dih Dū Gunbadān, Tang-i Maliūn, Darwāzah Gachī.
   Premiers siècles de l'Islām: Rubāṭ-i Zindān, Sīrāf, Qal'ah-i Fahkand (socle de moellons), Rubāṭ-i Karim.
c. Des dimensions modestes comme à Pūskān (20,40 m × 20,60 m; avec la projection des tours 25,50 m × 25,80 m).
   Fin de l'époque sassanide ou début de l'époque islamique: Chahār Dih Dū Gunbadān (20 m de côté), Tang-i Maliūn (29,50 m × 24 m), Darwāzah Gachī (22 m × 17,50 m).
   Premiers siècles de l'Islām: Rubāt-i Zindān (16,35 m de côté), Sīrāf (21 m × 22 m), Dārzīn fort 1 (29 m × 28 m); fort 2 (27,50 m × 25,50 m); Qal'ah-i Fahkand (29,50 m de côté); Farrāshband (17 m × 16,50 m).
d. Enceinte quadrangulaire renforcée de tours d'angle rondes.
   Fin de l'époque sassanide ou début de l'époque islamique: Tang-i Maliūn (les tours d'angle sont cependant massives).
   Premiers siècles de l'Islām: Sīrāf (celles sont creuses, mais deux entre-elles sont de forme quadrangulaire, les deux autres de forme circulaire), Dārzīn (tours massives), Qal'ah-i Fahkand (tours massives), Farrāshband (tours massives).
e. Seul le fortin n. 2 de Dārzīn (8e siècle après J.C.) possède des murs percés d'archères, cependant de forme sagittale.
f. La disposition des chambres adossées au mur d'enceinte et s'ouvrant sur un espace intérieur se remarque dans tous les bâtiments mentionnés (sauf à Qal'ah-i Fahkand (où un couloir se trouve entre le mur d'enceinte et les chambres) et à Tang-i Maliūn (pas de cour centrale).
   Dans ces édifices la plupart des chambres ne communiquent pas entre elles.
   Dans tous ces bâtiments, les chambres étaient accolées par leur petit côté au mur d'enceinte, sauf à Chahār Dih Dū Gunbadān et à Darwāzah Gachī où les chambres sont, comme à Pūskān, adossées au mur d'enceinte par un côté long.
g. La liaison de l'iwān avec une pièce carrée centrale de type Chahār Ṭāq se retrouve à Rubāṭ-i Zindān et surtout à Chahār Dih Dū Gunbadān où un couloir entoure la pièce centrale.

h. Deux niveaux (rez-de-chaussée et étage) sont attestés dans trois édifices: Rubāṭ-i Zindān, Dārzīn (fortin 2) et Qalʿah-i Fahkand.
i. Dans la plupart des bâtiments, les chambres étaient voûtées en berceau. Plus important est le fait que certains édifices des premiers siècles de l'Islām tels que Rubāt-i Zindān, Dārzīn, Rubāṭ-i Sangī Anushīrvan, Qalʿah-i Fahkand présentent des voûtes en berceau brisé surbaissées comme à Pūskān.

En conclusion, si tous ces bâtiments de la fin de l'époque sassanide ou du début de l'Islām et ceux des premiers siècles de l'Islām ont plusieurs éléments architecturaux comparables à ceux du château-fort de Pūskān; aucun cependant ne réunit tous ces éléments. Le bâtiment qui lui ressemble le plus est Chahār Dih Dū Gunbadān, surtout par son aménagement intérieur. La voûte en berceau brisé surbaissé dans les bâtiments des premiers siècles de l'Islām à Rubāt-i Zindān, Dārzīn et Qalʿah-i Fahkand est l'élément le plus intéressant pour soutenir la comparaison avec le château-fort de Pūskān comme critère important de la datation.

En 'Irāq méridional, des châteaux-fort datant des premiers siècles de l'Islām ont été découverts au cours de ces deux dernières décennies. Leurs ressemblances avec Pūskān se limitent à la construction carrée, munie de tours d'angle circulaires (le plus souvent massives) et à des chambres adossées au mur d'enceinte et s'ouvrant sur une cour intérieure[112].

La forteresse de Qalʿah-i Bahrain, sur l'Ile de Bahrain[113] présente également des similitudes avec Pūskān, par certains traits dont le plan carré (52,50 m de côté), l'enceinte renforcée de tours d'angle circulaires creuses et les chambres adossées à la muraille.

La datation

I. L'examen architectural

Nonobstant que le château-fort de Pūskān présente incontestablement des éléments architecturaux sassanides, il ne fait pas de doute que ce monument

[112] B. Finster, Die Reiseroute Kufa-Saʿūdi Arabien in Frühislamischer Zeit, *dans* Baghdader Mitteilungen, Band 9, 1978: *Qaṣr Umm Qurūn*, p. 63, fig. 7 plan, pl. 10, 11; *Qaṣr Hammām*, p. 69, fig. 12, plan pl. 16 a, b; *Qaṣr aṭ-Talḥāt*, p. 71, fig. 15 plan, pl. 18; *Qaṣr Khabbāz*, p. 76, fig. 17 plan.

[113] La disposition des locaux est cependant totalement différente et ressemble plutôt à celle des châteaux omayyades (M. Kervran, Preliminary Report on the Excavation of Qal'at Al-Bahrain, *dans* M. Kervran, A. Negre, M. Pirazzoli t'Sertsevens, Fouilles à Qal'at al-Bahrain, Bahrain, 1982, pp. 1-28, 11 fig. (M. Kervran date cette forteresse du 10ᵉ-11ᵉ siècle après J.C.; par contre R. Boucharlat (R. Boucharlat, J. Salles, L'Arabie orientale. D'un bilan à l'autre, *dans* Mesopotamia, vol. XXII, 1987, pp. 283-285) l'attribue à l'époque parthe entre 250 et 50 av. J.C.

doit appartenir aux premiers siècles de l'époque islamique. Les arguments les plus appropriés pour une datation à cette époque sont en premier lieu la forme des arcs et des voûtes du type brisé surbaissé qui n'apparaissent en Irān qu'à partir de l'ère islamique, ainsi que les tours d'angle fortement saillantes. Une attribution à l'époque seldjūkide (1038-1231 après J.C.) étant exclue, il faudrait alors le situer entre le 8e et le 10e siècle après J.C. Une datation plus précise ne peut être donnée faute de matériel comparable datant des premiers siècles de l'époque islamique en Irān. Une attribution à l'époque būyide (935 à 1053 après J.C.) n'est pas à écarter, ce que nous allons examiner.

II. La mention éventuelle de Pūskān par les géographes et historiens arabes et persans

Examinons maintenant si le château-fort de Pūskān a été mentionné par des géographes et historiens arabes et persans. Dans son Fārsnāmah, Ibn al-Balkhī, géographe et historien persan qui vécut au 12e siècle après J.C., mentionne un fortin 'Qalʿah Būshkānāt' qu'il décrit comme suit[114]: 'Ceci est une solide forteresse qui est encore en possession de Siyāh Mīl Ibn Bahurast[115]. Puisqu'il était un honnête homme, le sultan seldjūkide Alp Arslan l'autorisa à garder le commandement de cette forteresse, et ne le destitua pas de ses fonctions comme ce fut le cas pour d'autres chefs locaux'. Ce texte nous apprend que la forteresse citée de Būshkān existait déjà avant le règne d'Alp Arslan (1063-1072 après J.C.), le deuxième souverain seldjūkide. Puisque cette région du Fārs tomba sous le règne de ce souverain aux mains des Seldjūkides[116], on peut donc en conclure que le fortin de Būshkān existait déjà aux temps des Būyides (depuis 934 après J.C. dans le Fārs).

La question se pose de savoir si le Qalʿah-i Būshkān, mentionné par Ibn al-Balkhī peut s'identifier à notre château de Pūskān. Qalʿah en arabe a la même signification que le persan 'Diz' (château, fortin) et Būshkān pourrait éventuellement être équivalent au Pūskān par le changement de B en P, très fréquent en persan[117].

De nos jours, il existe encore un village de Būshkān[118]. Il serait vraisem-

[114] G. Le Strange, Description of the Province of Fars in Persia at the Beginning of the Fourteenth Century A.D., from the MS of the Ibn al-Balkhī in the British Museum, London, 1912, p. 73; G. Le Strange and R.A. Nicholson, The Farsnama of Ibn al Balkhī, London, 1921 (texte persan), pp. 156, 157.

[115] Siyāh Mīl Ibn Bahurast (= Siyah Mīl Ibn Vishtāsf) était le fils d'Amīruwayh, chef des Ma'sūdī, un des principaux tribus des Shabānkārah à la fin du règne des Būyides (G. Le Strange, 1912; *op.cit.*, pp. 9, 12).

[116] H. Busse, Iran under the Būyids, *dans* The Cambridge History of Iran, vol. IV, Cambridge, 1975, pp. 255, 303, 304.

[117] La localité de Būshkān et le district de Būshkānat est écrit différemment dans le Fārsnāmah d'Ibn al-Balkhī (texte persan de G. Le Strange et R.A. Nicholson, 1921, *op.cit.*), comme Bushkān (p. 54), Būshkān (p. 135), Būshkānat (pp. 135, 163).

[118] Le village de Būshkān est indiqué sur la carte anglaise GSGS 3919 à l'échelle de 1/253.440 de

blable que le château de Būshkān décrit par cet auteur, se situe dans le village actuel qui porte le même nom. Cependant nous avons visité Būshkān en 1972, et nous n'y avons remarqué aucun vestige de forteresse.

D'autre part, nous émettons des réserves concernant l'identification du château que nous avons découvert à Pūskān avec la forteresse de Būshkān, mentionné par Ibn al-Balkhī. Pūskān est trop éloigné du district de Būshkānāt, qui englobe, d'après Ibn al-Balkhī, les sites de Būshkān et de Sanānā (voir la carte fig. 1)[119].

Le Fārsnāmah d'Ibn al-Balkhī mentionne encore un autre endroit 'Būshtikān', situé sur l'itinéraire de Shīrāz au port de Nadjīram[120] sur le Golfe Persique. Cet itinéraire compte dix stations avec indication des distances en farsakh (= farsang):

1e station: de Shīrāz à Māṣaram (7 farsakh = 42 km).
2e station: de Māṣaram à la rivière Sittadjān (6 farsakh = 36 km).
3e station: de Sittadjān à Djirrah (3 farsakh = 18 km).
4e station: de Djirrah à Gundidjān (4 farsakh = 24 km).
5e station: de Gundidjān à Būshtikān (7 farsakh = 42 km).
6e station: de Būshtikān à Būshkānāt (5 farsakh = 30 km).
7e station: de Būshkānāt à Sanānā (10 farsakh = 60 km).
8e station: de Sanānā à l'entrée du Māndistān (8 farsakh = 48 km).
9e station: d'un bout à l'autre du Māndistān (7 farsakh = 42 km).
10e station: à la sortie du Māndistān au port de Nadjīram (8 farsakh = 48 km).

D'après cet itinéraire, il en résulte que Būshtikān et Būshkānāt (ou Bushkan) sont deux endroits différents. L'ancienne ville de Gundidjān, le chef-lieu du district de Dasht-i Bārin, n'a pas encore pu être identifiée, mais devrait être située à l'ouest de Būshtikān. On a proposé pour Gundidjān le village actuel de Djamīlah[121]. Būshtikān aurait pu éventuellement s'identifier à notre Pūskān; cependant un problème se pose. La distance de Būshtikān à

la région de Khūrmūdj H-39V & C-39D: Bushkān. Le village de Būshkān fait partie du Bakhsh de Khūrmūdj, Shahristān Būshīr (H. A. Razmara, 1330, *op.cit.*, p. 38 et sur la carte à l'échelle 1/571.430 de la région de Būshīr.

[119] G. Le Strange et R. A. Nicholson, 1921, *op.cit.*, p. 135; G. Le Strange, 1912, *op.cit.*, pp. 39, 40. Shanānan ou Sanānā s'identifie au village actuel de Sāna, à environ 40 km à vol d'oiseau au sud de Būshkān. Sāna est indiqué sur la carte anglaise GSGS 3919 à l'échelle de 1/253.440 de la région de Khūrmūdj H-39V & G-39D: Sāna. Ce village appartient au Dehistān Shanbah, Bakhsh Khūrmūdj, Shahristān Būshīr (H. A. Razmana 1330, *op.cit.*, p. 132 et la carte à l'échelle 1/571.430 de la région de Būshīr).

[120] G. Le Strange, R. A. Nicholson, 1921, *op.cit.*, p. 163; G. Le Strange, 1912, *op.cit.*, p. 82.

[121] G. Le Strange, 1912, *op.cit.*, p. 52; le village de Djamīlah est indiqué sur la carte anglaise GSGS 3919 à l'échelle de 1/253.440 de la région de Kāzarūn H-39P: Jamīleh.
Le village de Djamīlah fait partie du Bakhsh Khisht, Shahristān Kāzarūn (H. A. Razmara 1330, p. 64 et la carte à l'échelle 1/571.430 de la région de Kāzarūn.

Būshkānāt est d'après le Fārsnāmah 30 km (5 farsang), tandis que Pūshkān à Būshkān atteint ca. 70 km à vol d'oiseau.

Il existe encore un Būshgān dans la région de Bīshāpūr[122], mais ce village ne peut être équivalent au Būshtikān, car la distance entre ces deux sites serait encore plus élevée que celle entre Pūskān et Būshkān.

III. Les Būyides comme bâtisseurs

Il est un fait notoire que les souverains būyides (935-1053 après J.C.)[123] étaient de grands bâtisseurs. Surtout l'illustre Amīr'Adud al Daula (né en 936, roi du Fārs en 962, décédé en 997 après J.C.) fit construire de splendides palais à Bāghdād, Shīrāz, Kāzarūn, Kirmān, ainsi qu'un nombre important de barrages, de ponts, de canaux d'irrigation, de caravanserails, de forteresses et de châteaux dans la province du Fārs[124].

Al Muqadasī, géographe arabe, mort en 988 après J.C., relate que Amīr'Adud al Daula établit aux points les plus dangereux des routes une hôtellerie, dans le style solide des édifices qu'il fit élever un peu partout, en pierre et en plâtre sur le modèle des châteaux de Syrie, défendus par des portes en fer[125], mais peu de ces monuments būyides ont survécu ou ont été identifiés en Irān[126].

Nous savons que les souverains būyides en Irān attachaient un intérêt au glorieux passé de la Perse pré-islamique, et en particulier à celui de la dynastie

[122] Le village de Būshgān est indiqué sur la carte anglaise GSGS 3919 à l'échelle de 1/253.440 de la région de Kāzarūn H-39P. Ce village appartient au Dehistān Bīshāpūr, Bakhsh Kāzarūn, Shāhristān Kāzarūn, 24 km au nord-ouest de Kāzarūn (H. A. Razmara 1330, p. 39 et la carte à l'échelle 1/571.430 de la région de Kāzarūn.

[123] En ce qui concerne les Būyides, voir les études (avec bibliographie exhaustive) de H. Busse, Cl. Cahen, J. L. Kraemer. H. Busse, Iran under the Būyids, *dans* The Cambridge History of Iran, vol. IV, Cambridge, 1975, pp. 250-303; Cl. Cahen, Buwayhides ou Būyides, *dans* Encyclopédie de l'Islam, vol. I, Leiden, 1960, pp. 1390-1397; J. L. Kraemer, Humanism in the renaissance of Islam. The Cultural Revival during the Būyid Age, Leiden, 1986, 329 p.

[124] E. Kühnel, Die Kunst Persiens unter den Buyiden, *dans* Zeitschrift der Deutschen Morgenländischen Gesellschaft, Band 106 (= Neue Folge Band 31), 1956, pp. 78-92, XIV pl.; G. Wiet, Les travaux d'utilité publique sous le gouvernement des Buyides, *dans* Arts Asiatiques, 1970, vol. XXI, pp. 3-14.

[125] G. S. Hanking, R. F. Azvo, Muhammad Ibn Aḥmad al Muqaddasī Kitāb Ahsan at-taqāsīm fi ma'rifat al-aqālīm, translated and edited by G. S. Hanking and R. F. Azvo, *dans* Bibliotheca Indica, vol. I, fasc. N° 889, Calcutta, 1897, p. 493; A. Mez, Die Renaissance des Islams, Heidelberg, 1922, pp. 467, 468; G. Wiet, 1970, *op.cit.*, pp. 13, 14.

[126] E. Kühnel, 1956, *op.cit.*, p. 81 'Von der Bautätigheid der Buyiden gewinnen wir aus den ungenauen literarischen Berichten nur einen sehr oberflächlichen Eindruck, und erhaltene Denkmäler fehlen so gut wie ganz. Völlig verschwunden sind ihre Paläste...'. Comme structures būyides encore conservées citons p.ex. pour le Fārs: le Masdjidi-Djumah à Nīrīz (A. Godard, Le Masdjid-é Djum'a de Nīrīz, *dans* Athār-e Irān, vol. I, 1936, pp. 163, 164, fig. 114 à 116); le barrage ou le Band-i Amir sur la rivière Kur à Marv Dasht (E. F. Schmidt, Flights over Ancient Cities of Iran, Chicago, 1940, pp. 22, 23, pl. 24); et à Sīrāf (D. Whitehouse, Siraf III. The Congregational Mosque and other Mosques from the ninth to the twelfth century, London, 1980).

sassanide (224-642 après J.C.). Les Būyides s'étaient donnés une origine légendaire par l'établissement d'une généalogie — historiquement fausse — qui les rattachaient aux rois sassanides et notamment à celle de Bahrām V Gūr (421-439 après J.C.)[127]. Dans cette optique, ils suivaient l'exemple des souverains sassanides, qui pour confirmer la continuité et la légitimité de leur dynastie avec l'ancienne tradition iranienne, faisaient du fondateur Sassan un descendant du dernier roi achéménide; la légende du premier monarque sassanide, Ardashīr I (224-242 après J.C.) donne des analogies frappantes avec celle du roi achéménide, Cyrus le Grand, fondateur de l'empire perse.

Amīr 'Adud al Daula empruntait l'ancienne titulature achéménide et sassanide de 'Shāh an Shāh'[128]. Il explora les ruines de Persépolis et fit graver son nom pour y commémorer sa visite, et fit même appel à un mobadh zoroastrien de Kāzarūn pour y déchiffrer les anciens textes pehlevi[129].

L'ancienne capitale du premier roi sassanide, Ardashīr I, appelé Gūr, fut rebaptisée en Fīrūzābād, nom qu'elle porte encore de nos jours[130]. Des médaillons et des monnaies frappés dans le Fārs montrent l'effigie du souverain būyide, représenté comme un roi sassanide[131], et souvent accompagné d'une inscription pehlevi. De même, les tissus būyides trahissent dans leur ornementation (thèmes antithétiques, médaillons, scènes symétriques etc.) des éléments sassanides[132].

Il ne serait donc pas étonnant que les Būyides, montrant un intérêt pour le passé iranien et en particulier pour l'époque sassanide, ont également emprunté certains éléments architecturaux sassanides — tels que le pavillon carré du type Chahār Ṭāq, les iwāns, les chambres adossées aux murs d'enceinte — pour la construction de leurs palais, forteresses et châteaux. Malheureusement, peu de vestiges būyides ont été identifiés, de sorte que nous pouvons difficilement faire une étude comparative du château de Pūskān avec d'autres monuments de cette époque[133].

[127] H. Busse, The Revival of Persian Kingship under the Būyids, *dans* D.S. Richards (ed.), Islamic Civilisation 950-1150, Oxford, 1973, pp. 47-69; H. Busse, 1975, *op.cit.*, pp. 273, 274; C.E. Bosworth, The Heritage of Rulership in Early Islamic Iran and the Search for dynastic Connections with the Past, *dans* Iran, vol. XI, 1973, p. 57.

[128] H. Busse, 1975, *op.cit.*, p. 275; C.E. Bosworth, 1973, *op.cit.*, p. 57; J.L. Kraemer, 1986, *op.cit.*, p. 45.

[129] H. Busse, 1973, *op.cit.*, p. 60; C.E. Bosworth, 1973, *op.cit.*, p. 57; R.N. Frye, The Heritage of Persia, London, 1962, p. 251.

[130] H. Busse, 1973, *op.cit.*, p. 60.

[131] H. Busse, 1973, *op.cit.*, p. 57; H. Busse, 1975, *op.cit.*, p. 273.

[132] E. Kühnel, 1956, *op.cit.*, p. 89, fig. 20 à 27; R.N. Frye, The Golden Age of Persia, London, 1975, p. 211. Il est évident qu'il nous est impossible de citer dans cet article les nombreuses études parues à ce sujet.

[133] A.A. Bakhtiar, Newly reported Buyid-Seljuq monuments in Khuzistan and Isfahan, *dans* Memorial volume of the Fifth International Congress of Iranian Art and Archaeology, Tehran, 1972, vol. 2, pp. 2-14, fig.

Conclusion

Au terme de cette étude, consacrée au château-fort, que nous avons découvert à Pūskān (Irān), nous voulons résumer les principaux résultats.

La dénomination de Daqīānūs, encore actuellement désigné par les nomades au château-fort, pourrait nous inciter à attribuer ce monument à l'empereur romain Dèce (249 à 251 après J.C.). Pourtant, ce fort ne peut pas être considéré comme datant de son règne; l'empereur Dèce n'a jamais combattu les Perses. Le terme de Daqīānūs s'associe à 'La légende des sept dormants d'Ephèse', largement répandue dans le monde chrétien et islamique (même reprise dans la Sourate XVIII du Coran). Dans les textes persans ce nom signifie un monument d'un passé lointain.

Après la description détaillée, nous avons entrepris l'étude comparative du château-fort de Pūskān; celle-ci se rapporte aux forteresses de l'époque sassanide (224-642 après J.C.) et à celles des premiers siècles de l'Islām, ainsi qu'aux châteaux omayyades du désert syro-jordanien.

Les caractéristiques des forteresses et autres édifices sassanides (plan carré, tours d'angle rondes et creuses, archères ébrasées, disposition des chambres à l'intérieur de l'enceinte, cour centrale avec pavillon du type Chahār Ṭāq, matériaux de construction), se retrouvent dans le fort de Pūskān, ce qui indique incontestablement une tradition sassanide. De l'examen des antécédents de ces divers éléments architecturaux, il en résort qu'ils n'ont pas été reconnus jusqu'à ce jour en Irān même, aux époques pré-sassanides. L'Asie Centrale d'une part, et la Mésopotamie-Syrie d'autre part, semblent être les deux zones où sont issus plusieurs parties constituantes des forteresses de l'époque sassanide.

En Asie Centrale, certains de ces éléments architecturaux apparaîssent dès l'âge du Bronze, notamment l'enceinte quadrangulaire renforcée de tours d'angle circulaires creuses ou massives, les bastions semi-circulaires... Il est possible que les conquêtes d'Ardashīr I (224-242 après J.C.) et de Shāpūr I (242-272 après J.C.) ont amené les Sassanides à adopter de l'Asie Centrale des techniques de constructions de forteresses.

En Mésopotamie-Syrie, les forteresses parthes révèlent quelques éléments caractéristiques des forts gréco-romains, et en particulier des castra et castella du limes romain (plan quadrangulaire, tours d'angle circulaires et creuses...); une influence de l'Asie Centrale à la période parthe n'est cependant pas à exclure. Les Romains ont surtout contribué au perfectionnement de la construction des forteresses et autres bâtiments sassanides.

Nos recherches ne se sont pas limitées à l'étude comparative de Pūskān avec les constructions sassanides et à l'examen de ses antécédents. Le château-fort de Pūskān montre, en effet, des ressemblances (plan quadrangulaire, tours d'angle rondes et creuses, archères ébrasées, construction sur deux niveaux, répartition des pièces à l'intérieur de l'enceinte, voûtes et arcs brisés) avec les grandes résidences omayyades (661-750 après J.C.) du désert syro-jordanien. De même des forteresses en Irān, dont la datation aux premiers siècles de l'époque islamique est assurée, présentent des traits communs avec ceux de Pūskān (technique de construction, plan quadrangulaire, espace centrale avec Chahār Ṭāq, tours d'angle rondes et creuses...).

L'examen comparatif du château-fort de Pūskān avec les constructions sassanides, les châteaux omayyades et les forteresses du début de l'époque islamique, nous incite à dater ce monument aux premiers siècles de l'époque islamique en Irān, c.-à-d. du 8e au 10e siècle après J.C., époque durant laquelle la tradition architecturale sassanide était encore vivante. Une attribution plus précise, à savoir à l'époque būyide (935 à 1053 après J.C.) n'est pas à écarter, puisque les Būyides en Irān montrèrent un intérêt pour le glorieux passé iranien et en particulier pour la dynastie sassanide.

En outre, ils étaient de grands bâtisseurs de palais, de forteresses et de châteaux, dont plusieurs sont mentionnés par les géographes et historiens arabes et persans.

Toutes nos tentatives afin d'identifier le château-fort de Pūskān avec les lieux mentionnés de Bushkān, de Bushtikān ou même de Bushgān se sont heurtées à de sérieuses objections.

Le château-fort de Pūskān peut être considéré comme la résidence d'un gouverneur ou d'un seigneur féodal, d'autant plus que ce château-fort est situé à proximité de vestiges d'habitats. Le rez-de-chaussée aurait pu servir de magasin ou d'entrepôt, et l'étage devrait normalement abriter les quartiers privés.

LISTE DES FIGURES

d. Khirbat Djaddalah: ca. 92,50 m de côté (G. Bergamini, 1987, *op.cit.*, p. 202, fig. F).

Forteresse sassanide

e. Abū Sh'af (G. Bergamini, 1987, *op.cit.*, p. 210, fig. P).

Fig. 12. Castra et castellum du Limes romain d'Orient.

a. Castrum Dumayr (Syrie) ca. 174 × 182 m: époque de Trajan (98-117 après J.C.) (R.N. Brünnow, A. von Domaszewski, vol. III, 1909, *op.cit.*, fig. 1077/1078).

b. Castrum Al-Ladjdjūn (Jordanie): 240 m × 190 m; époque de Dioclétien (284-305 après J.C.) mais remanié dépuis la fin du 4e siècle jusqu'au début du 6e siècle après J.C. (R.N. Brünnow, A. von Domaszewski, vol. II, 1906, *op.cit.*, pp. 24/25).

c. Castrum Udruh (Jordanie): ca. 215 m × 160 m; époque de Trajan (98-117 après J.C. (R.N. Brünnow, A. von Domaszewski, vol. I, 1904, pp. 432/433).

d. Castellum Khān al-Qaṭṭar (Syrie): 41 m de côté (A. Poidebard, 1934, pl. XXXII).

Fig. 13. 'Chateaux' omayyades

a. Khirbat al-Minya (Israel): ca. 63 × 67 m; règne du Calife Al-Walīd I (705-715 après J.C.) (O. Grabar, 1987, fig. 58).

b. Qaṣr aṭ-Ṭūba (Jordanie): 70,25 m × 72,85 m; règne du Calife Al-Walīd II (743/744 après J.C.) (M. Kervran, 1982, *op.cit.*, p. 77, fig. 11b) (d'après K.A.C. Creswell, 1958, *op.cit.*, p. 135, fig. 26).

c. Qaṣr al-Ḥair Ash-Sharqī (Syrie): ca. 66 m de côté; règne du Calife Hishām (724-743 après J.C.) (K.A.C. Creswell, 1958, *op.cit.*, p. 113, fig. 19).

d. Qasr al-Kharānah (Jordanie): 36,50 m × 35,50 m; règne du Calife Al-Walīd I (705-715 après J.C. ou peut-être même sous son prédécesseur Abd al Malik (685-705 après J.C.)) (A. Stierlin, Architecture de l'Islam, Fribourg, 1977, p. 55).

Fig. 14. Constructions en Irān de la fin de l'époque sassanide ou du début de l'époque islamique.

a. Darwāzah Gachī, 22 m × 17,50 m (A. Stein, 1940, *op.cit.*, p. 119, fig. 8).

b. Chahār Dih Dū Gunbadān: 20 m de côté (A. Stein, 1940, *op.cit.*, p. 66, fig. 7).

c. Tang-i Maliūn: 29,50 m × 24 m (A. Stein, 1940, *op.cit.*, p. 61, fig. 5).

d. Rubāṭ-i Zindān: 16,35 m de côté (M. Siroux, 1949, *op. cit.*, p. 103, fig. 63) (premiers siècles de l'Islām).

Fig. 15. Forteresses en Irān des premiers siècles de l'Islām.

a. Sīrāf: 21 m × 22 m (H. Bakhtiari, 1976, *op.cit.*, p. 107, fig. 1).

b. Dārzīn (fort 2): 27,50 m × 26,50 m (M. Shokoohy, 1980, *op.cit.*, p. 16, fig. 7).

c. Qal'ah-i Fahkand: 19,50 m de côté (M. Siroux, 1971, p. 273, fig. 91).

d. Farrāshband: 17 m × 16,50 m (E. Herzfeld, 1943, p. 26, fig. 5).

Fig. 16. Carte de l'Irān.

La situation des forteresses sassanides; des forteresses sassanides ou du début de l'Islām; des forteresses des premiers siècles de l'époque islamique.

Fig. 17. Carte de l'Asie centrale.

Fig. 18. Carte des 'Châteaux' omayyades.

Liste des planches

texte en cyrillique 'représentation des sept adolescents d'Ephèse qui ont dormi 302 ans', inscrit de part et d'autre du Christ triomphant qui apparaît dans les nuages. A l'arrière-plan, on remarque des bâtiments et au milieu une caverne, dans laquelle dorment les sept adolescents; près de chacun une bourse. Le nom de ces personnages figure dans leur auréole.

TABLE DES MATIÈRES

* * *

Excursus

* * *

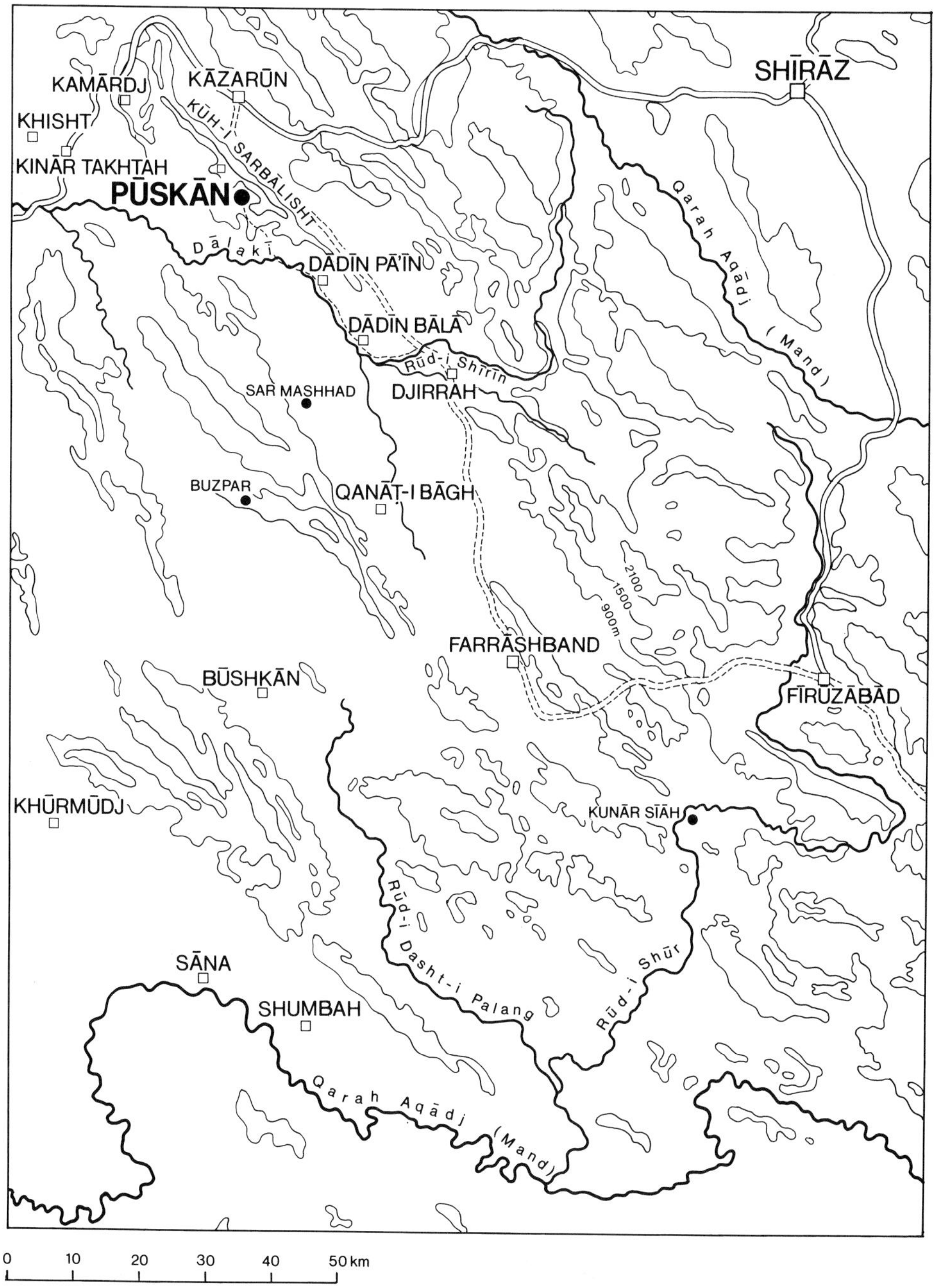

Fig. 1. Carte de la région de Pūskān.

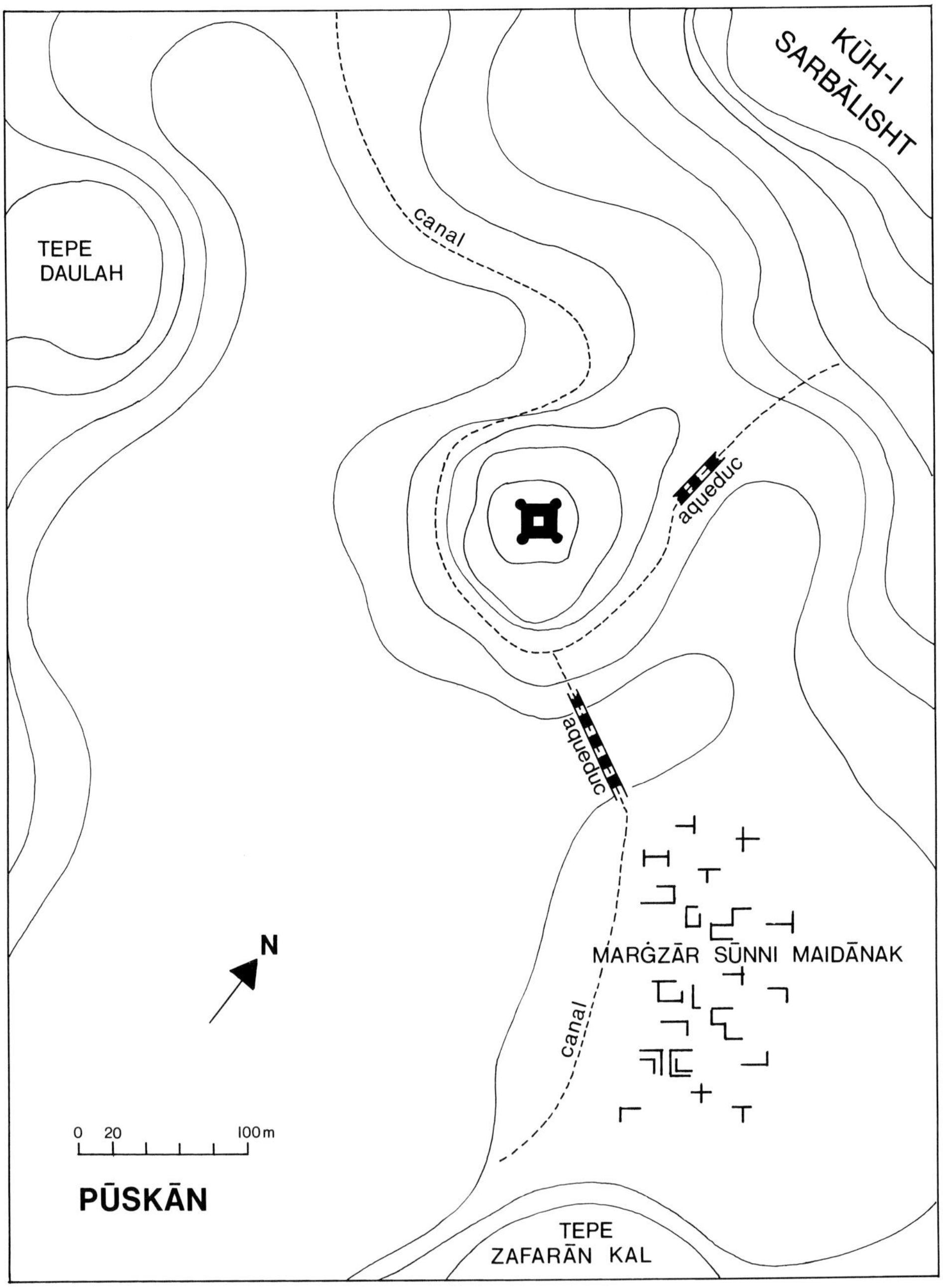

Fig. 2. Vestiges aux alentours de Pūskān.

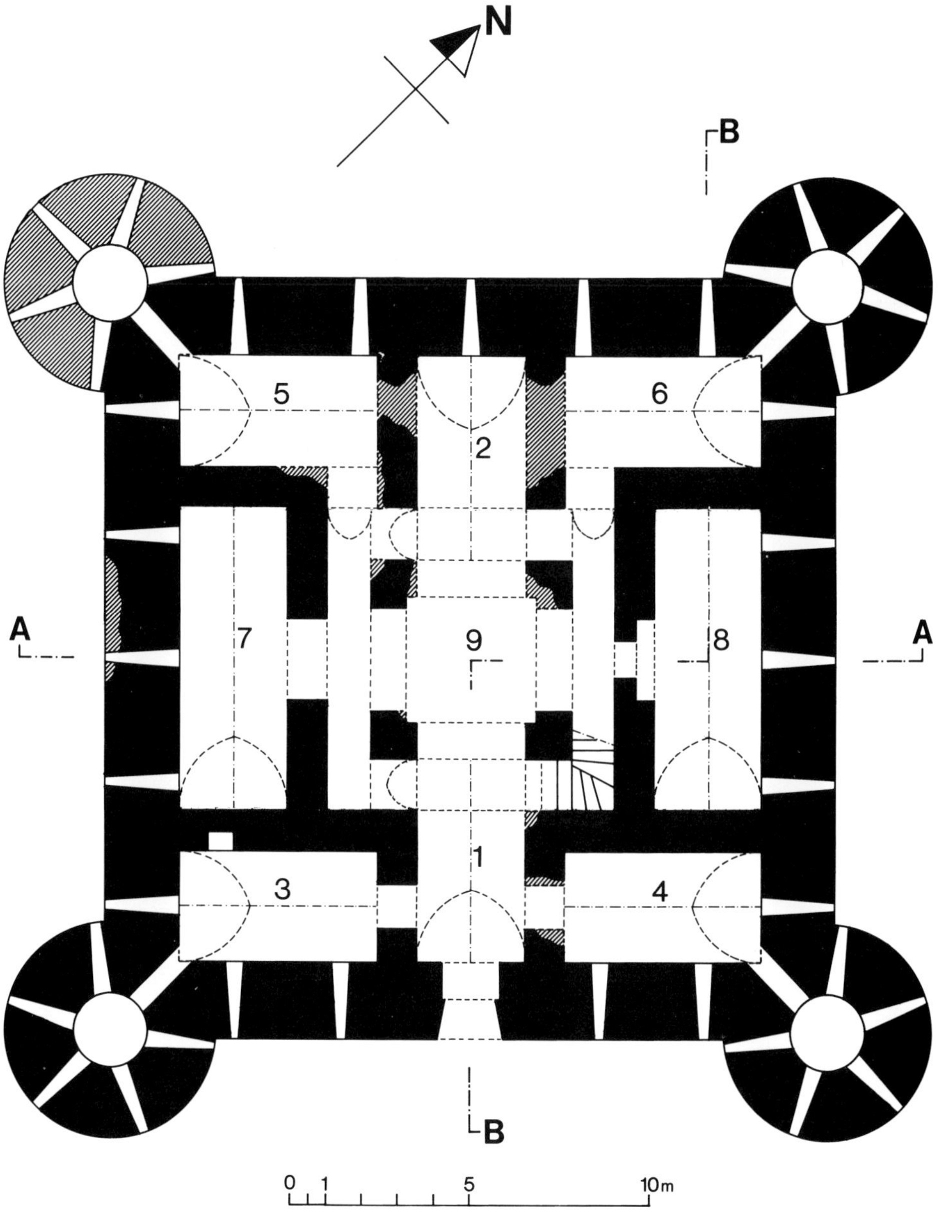

Fig. 3. Pūskān: plan du rez-de-chaussée.

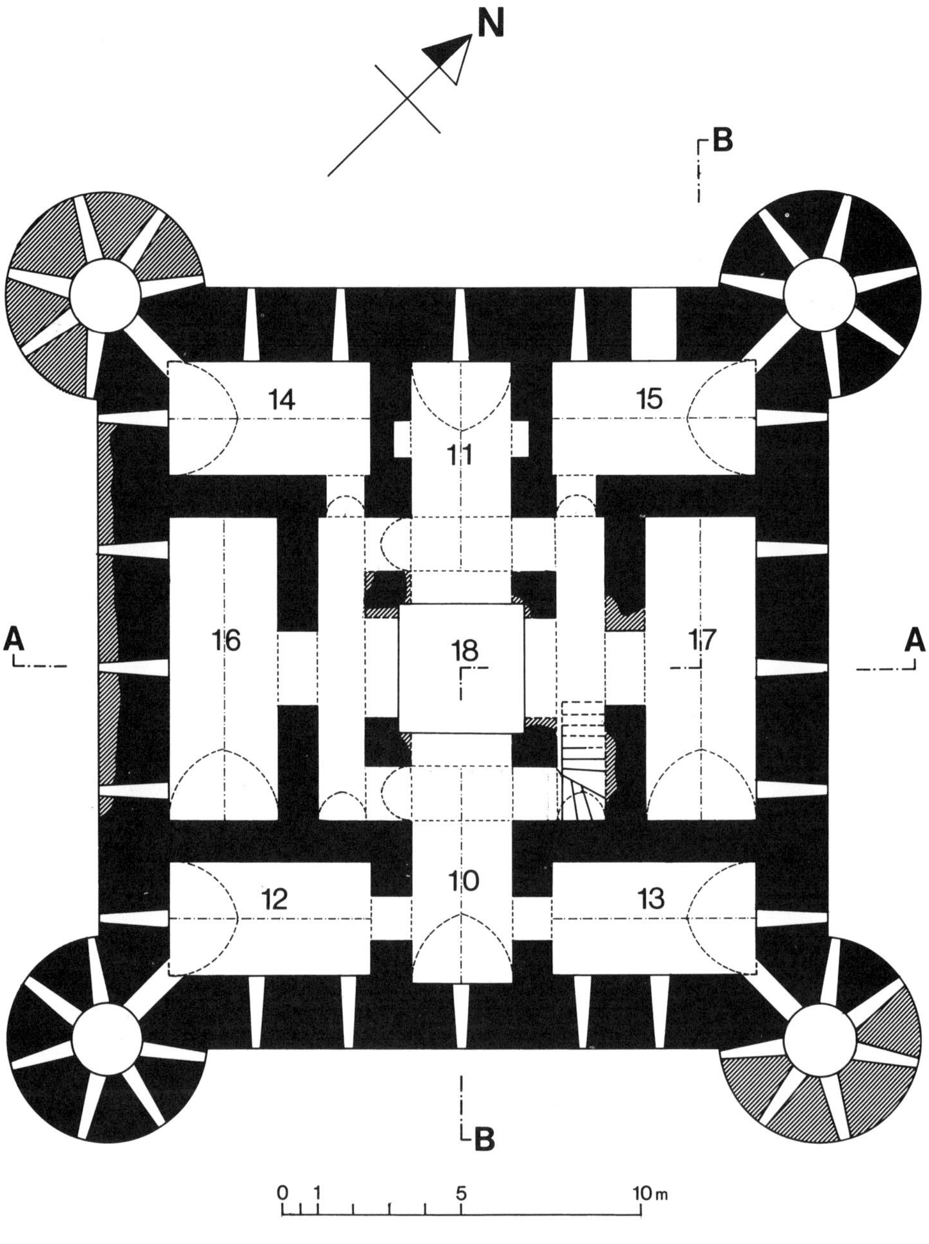

Fig. 4. Pūskān: plan de l'étage.

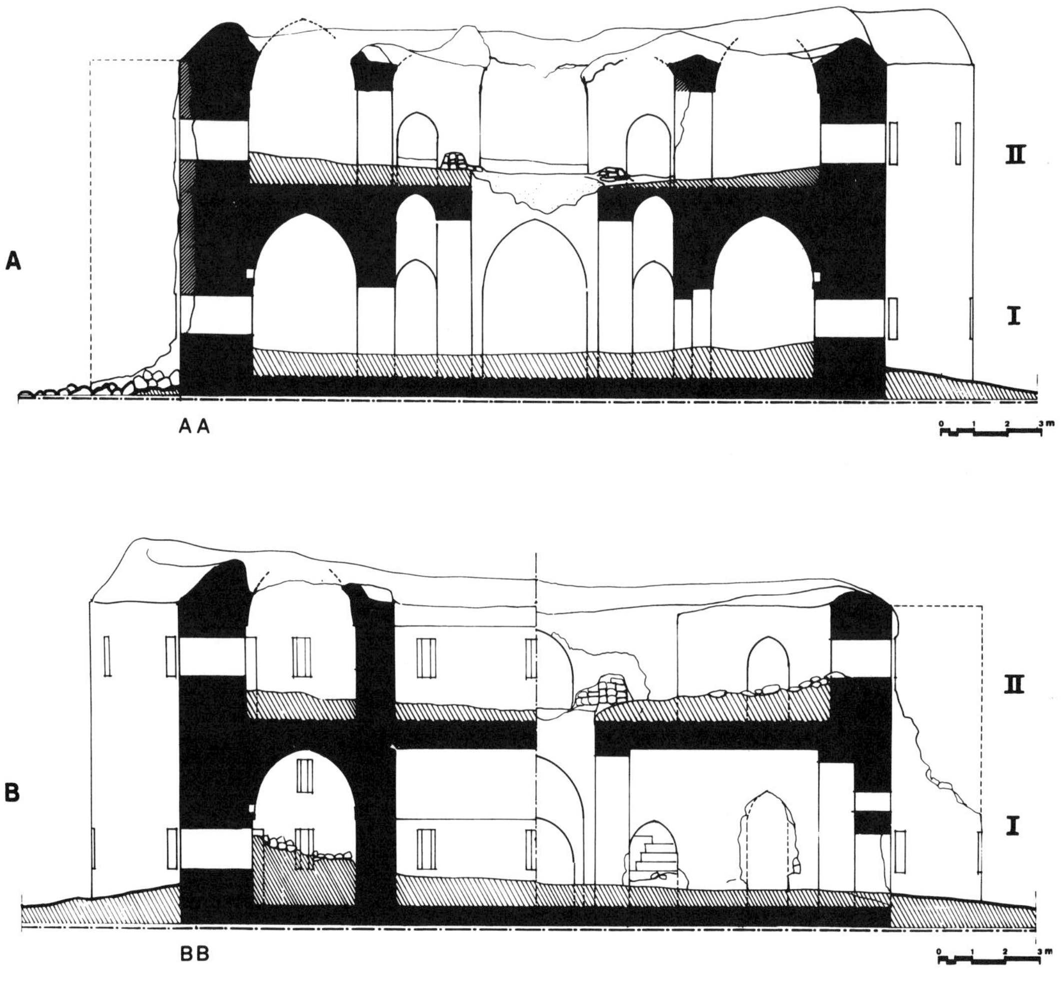

Fig. 5. Pūskān: sections du château-fort.

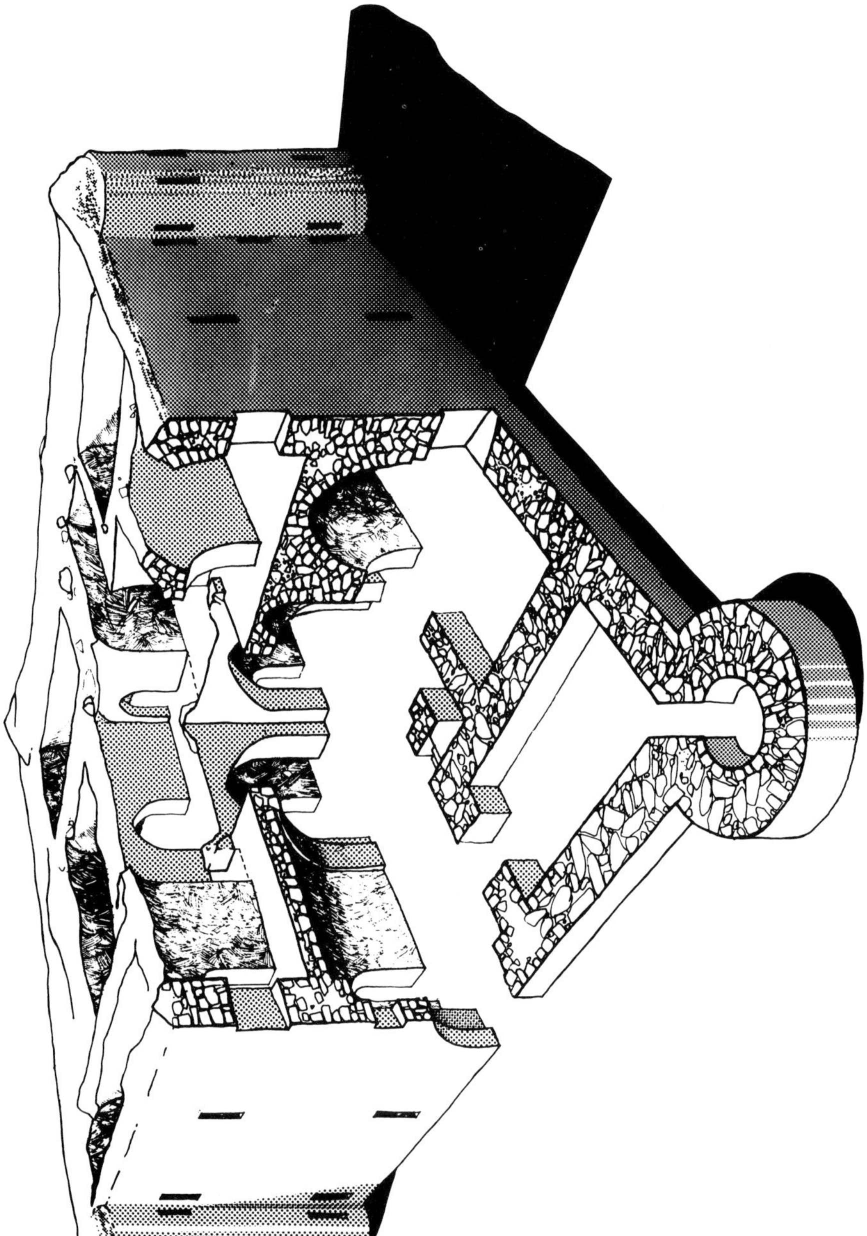

Fig. 6. Pūskān: vue axiométrique.

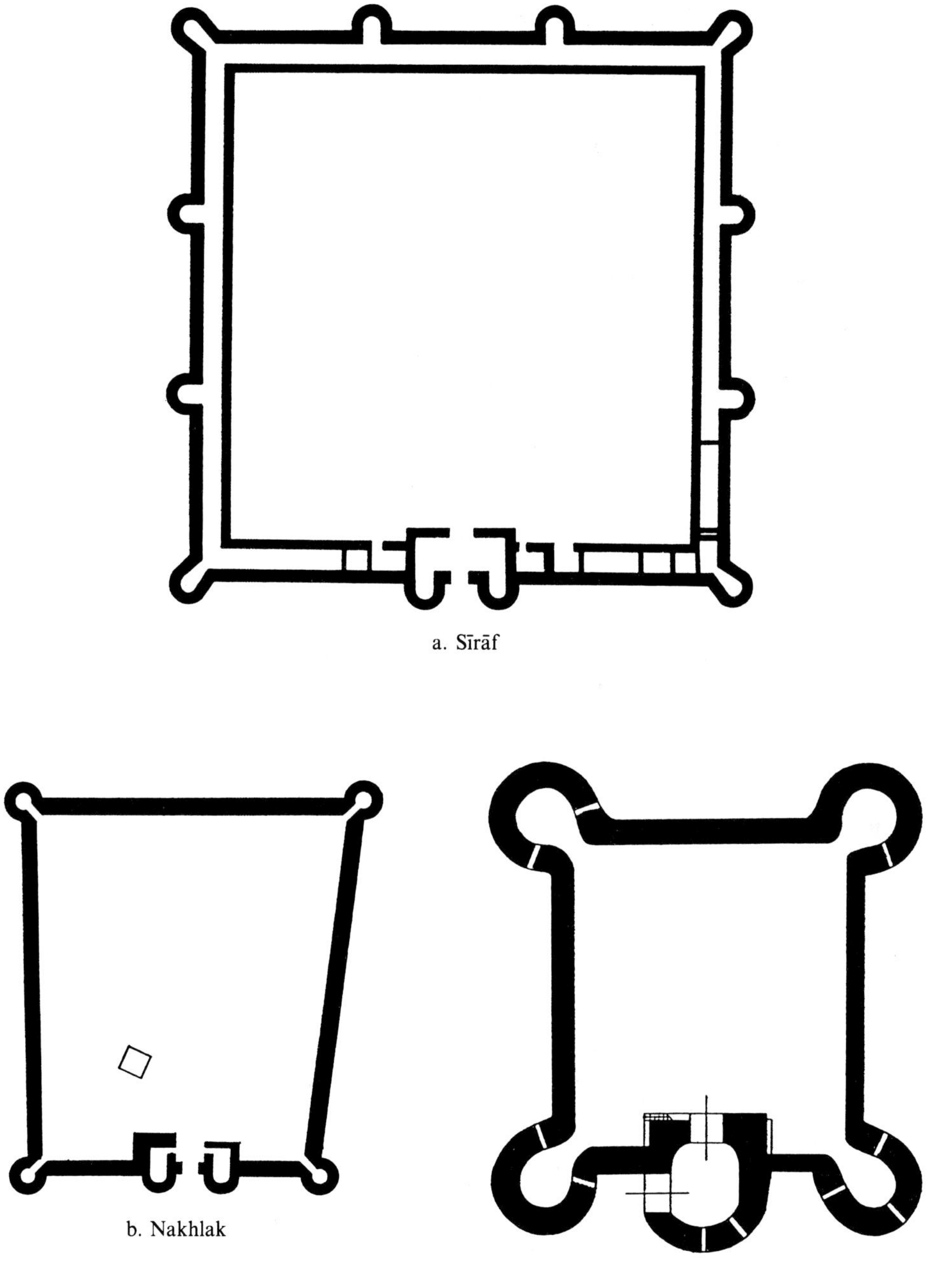

Fig. 7. Forteresses sassanides en Irān.

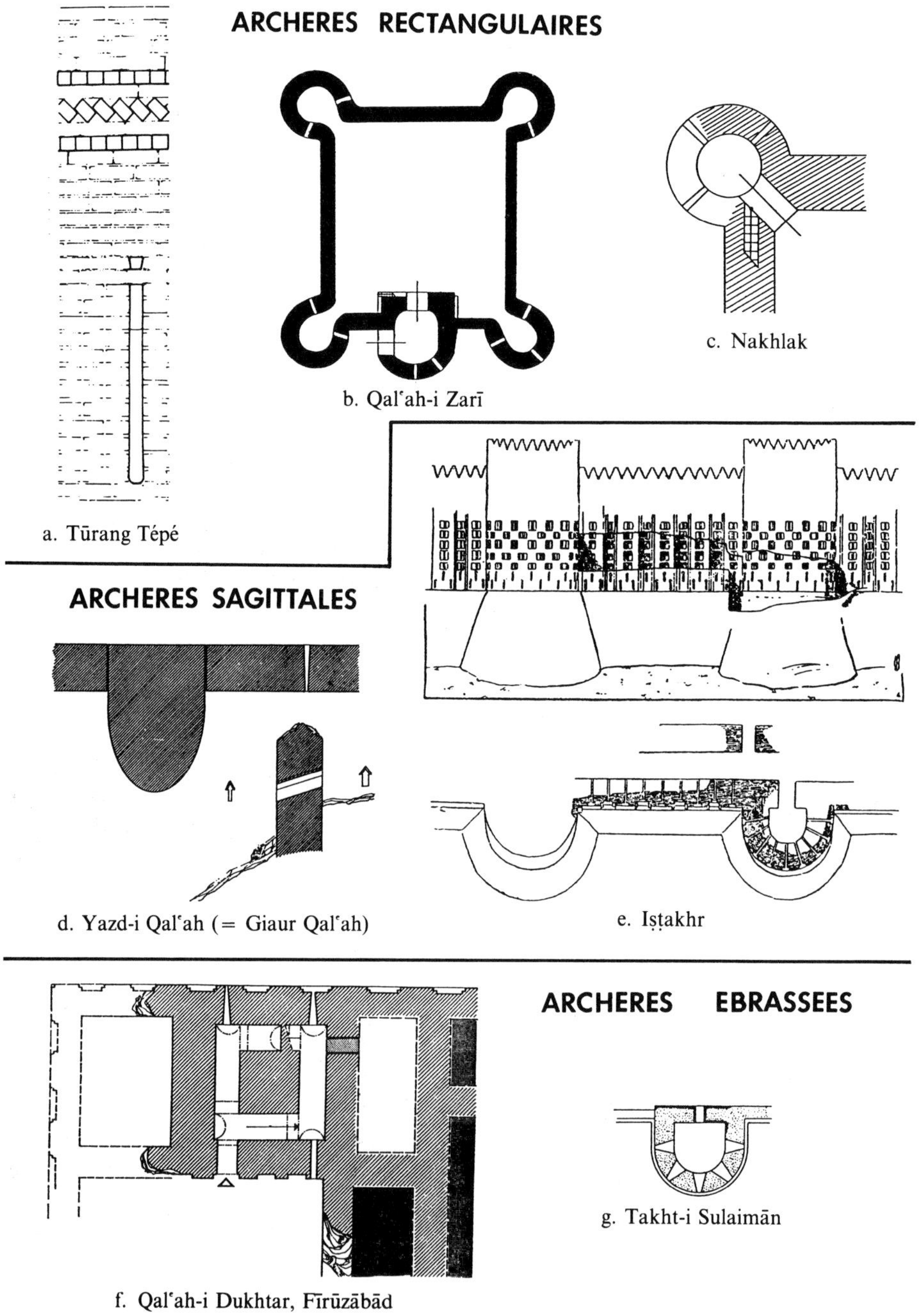

Fig. 8. Typologie des archères sassanides.

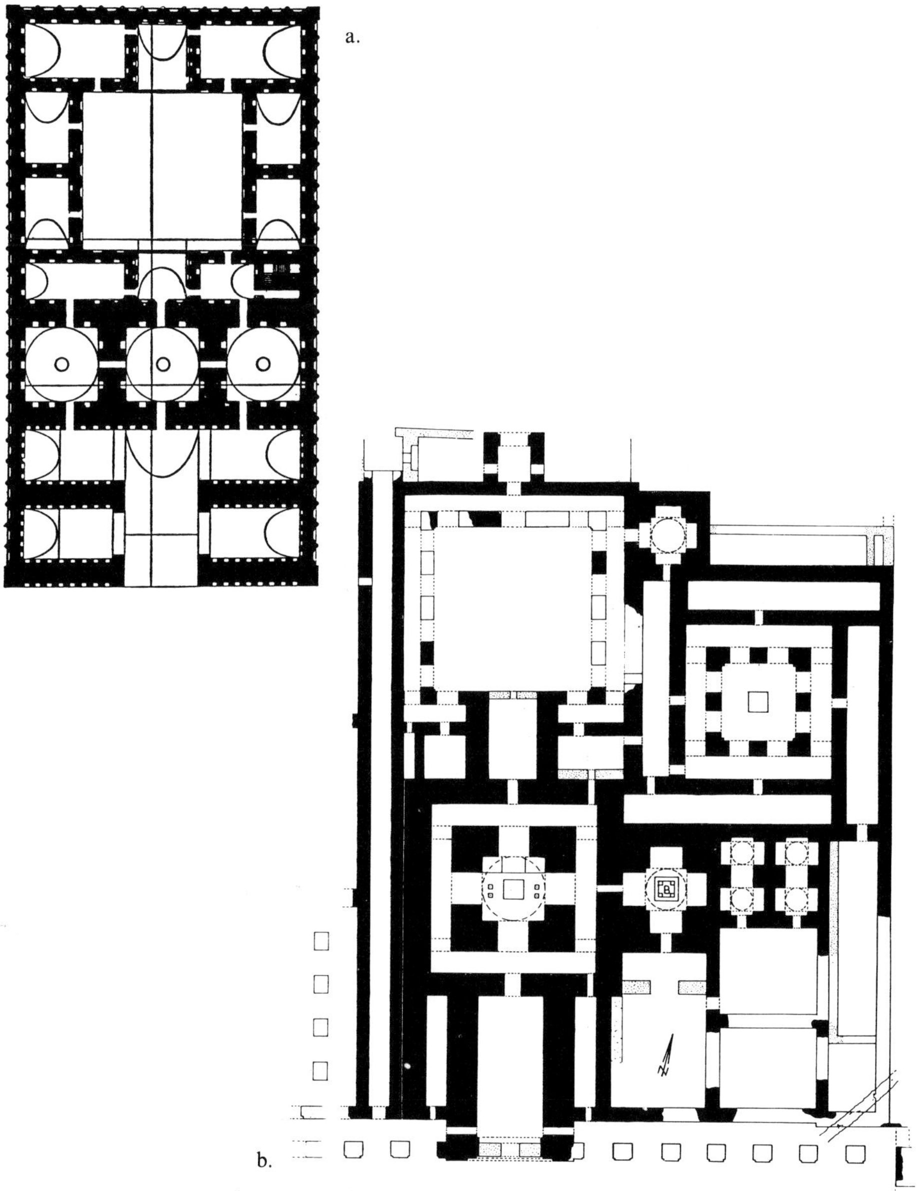

Fig. 9. a. Palais sassanide d'Ardashīr I à Fīrūzābād.
b. Temple du feu sassanide à Takht-i Sulaimān.

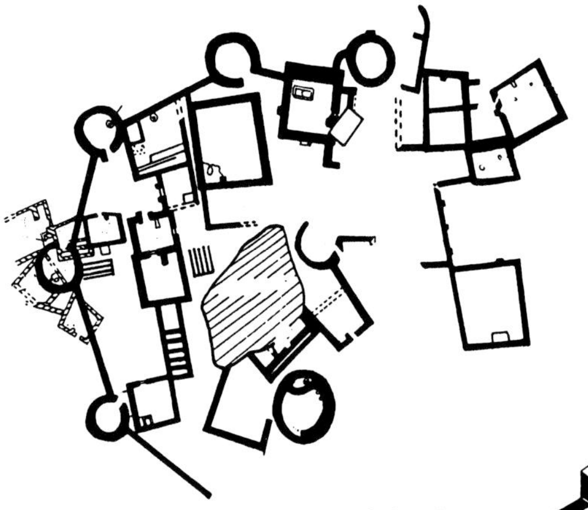

a. Mullali-Tépé (Turkménistān)
ca. 3500 av. J.C.

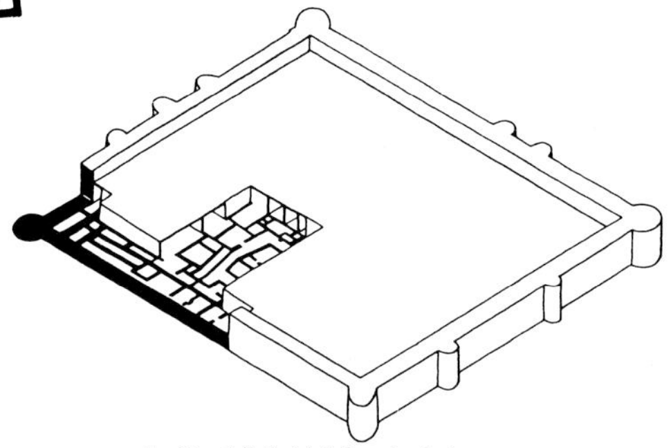

b. Dashli I (Afghanistān)
début 2e millénaire av. J.C.

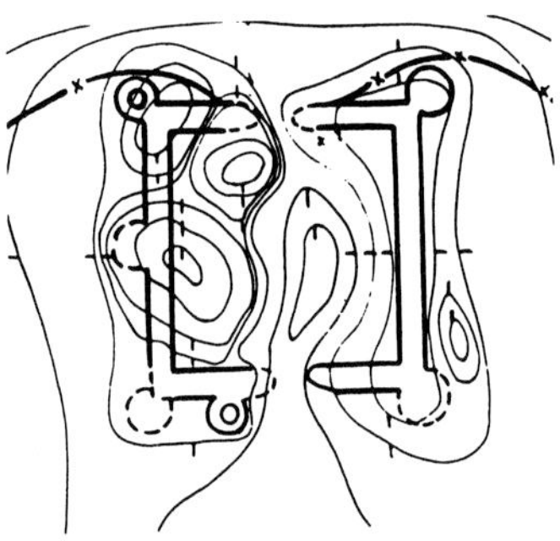

c. Togolok site 21 (Turkménistān)
début 2e millénaire av. J.C.

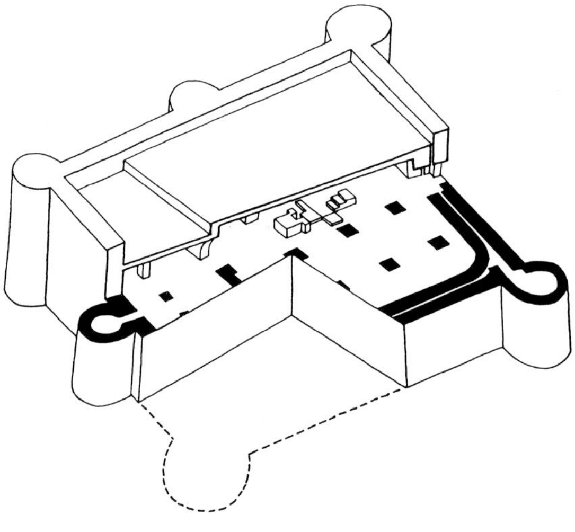

d. Tillja Tépé (Afghanistān)
fin 2e/début 1er millénaire av. J.C.

Fig. 10. Forteresses en Asie Centrale.

a. Tall-i Bandar, Kish

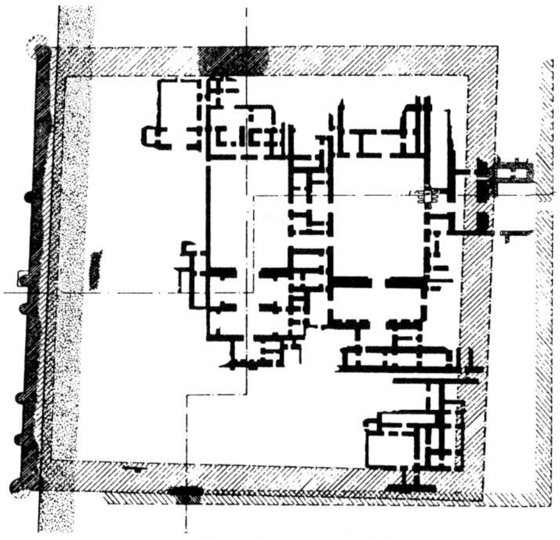

b. Babylone "Babil"

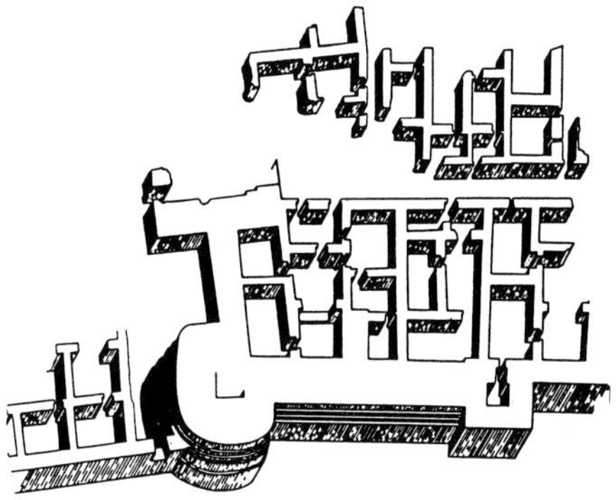

c. Nippur "phase II"

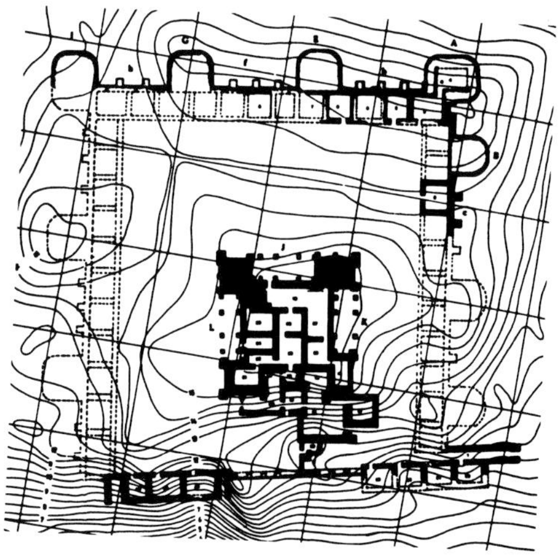

d. Khirbat Djaddalah

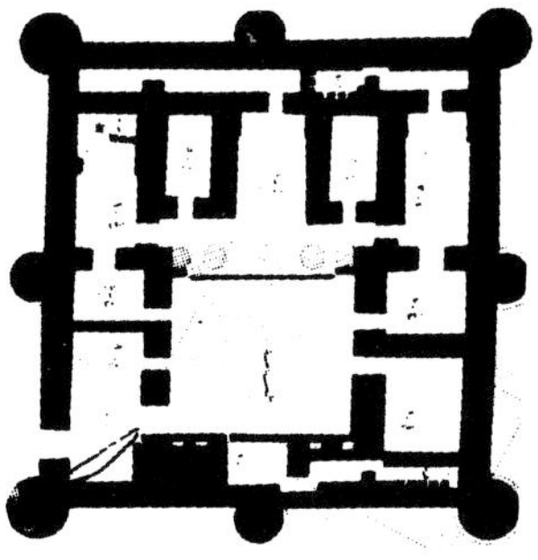

e. Abū Sh'af

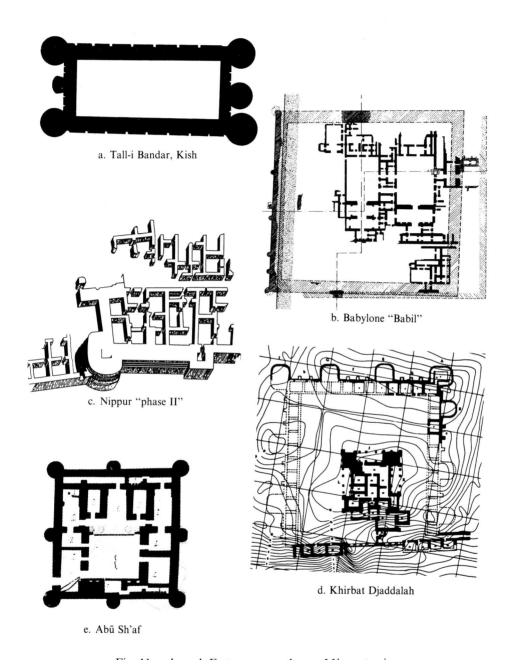

Fig. 11. a, b, c, d. Forteresses parthes en Mésopotamie.
e. Forteresse sassanide en Mésopotamie.

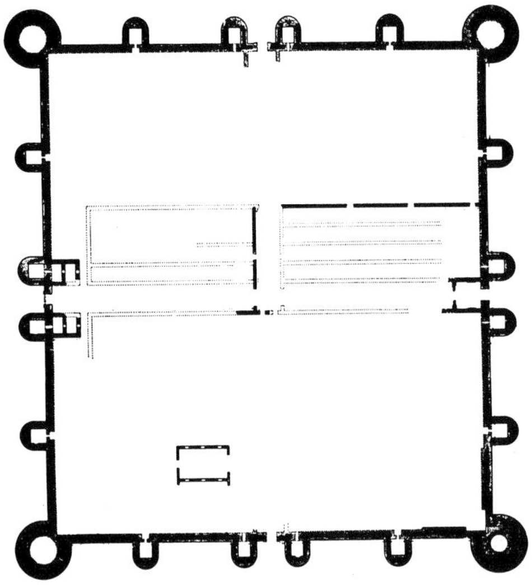

a. Castrum Dumayr (Syrie)

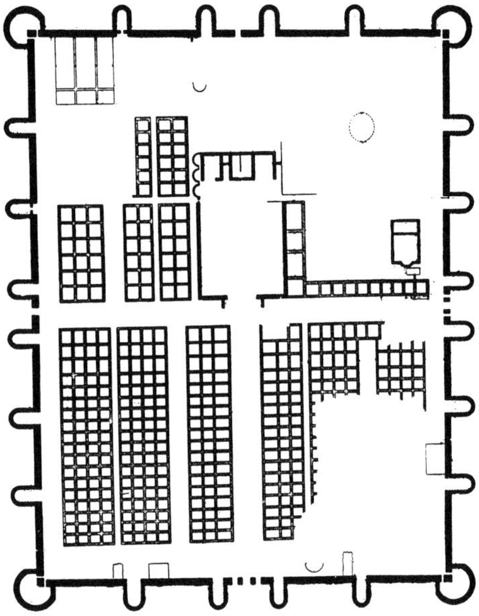

b. Castrum Al Ladjdjūn (Jordanie)

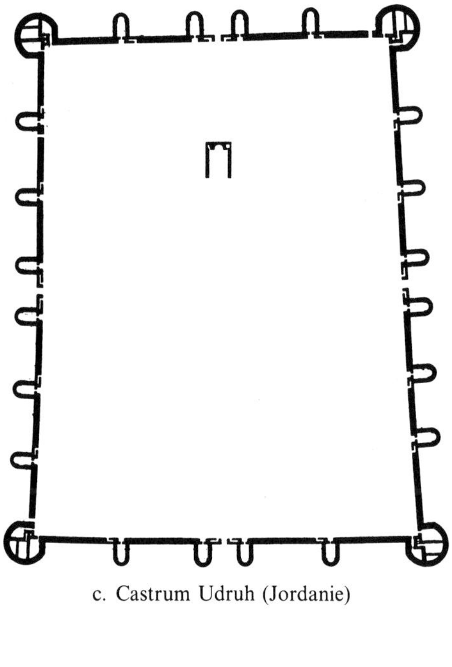

c. Castrum Udruh (Jordanie)

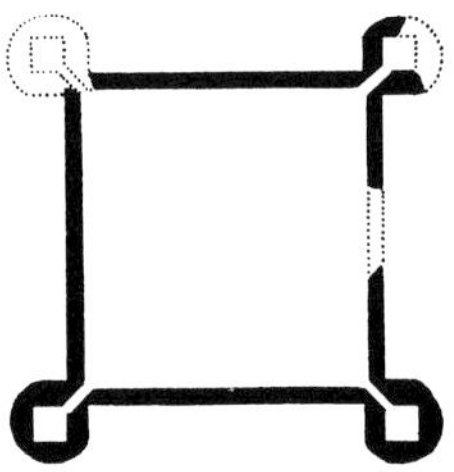

d. Castellum Khān al-Qaṭṭar (Syrie)

Fig. 12. Castra et castellum du limes romain d'Orient.

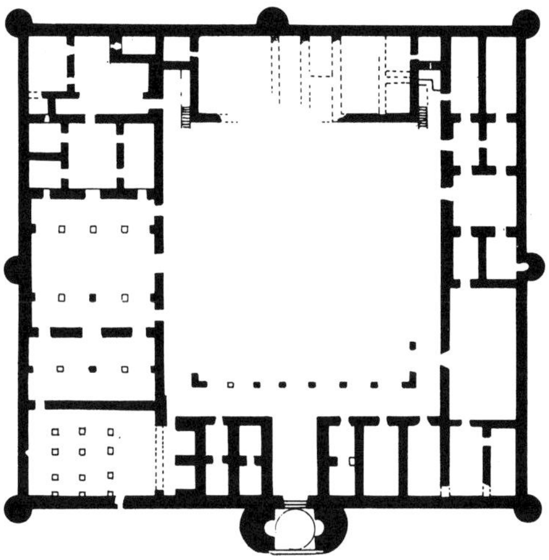

a. Khirbat al-Minya (Israël)

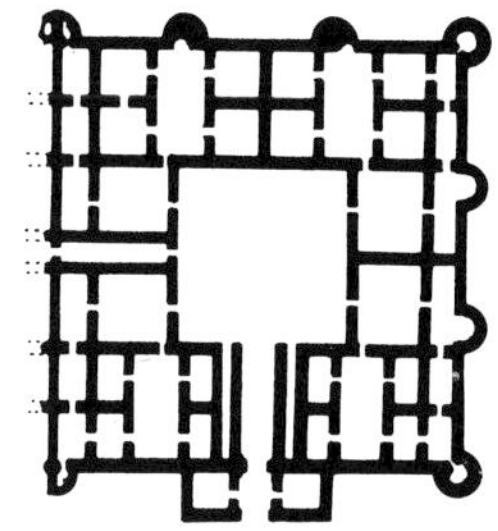

b. Qaṣr aṭ-Ṭūba (Jordanie)

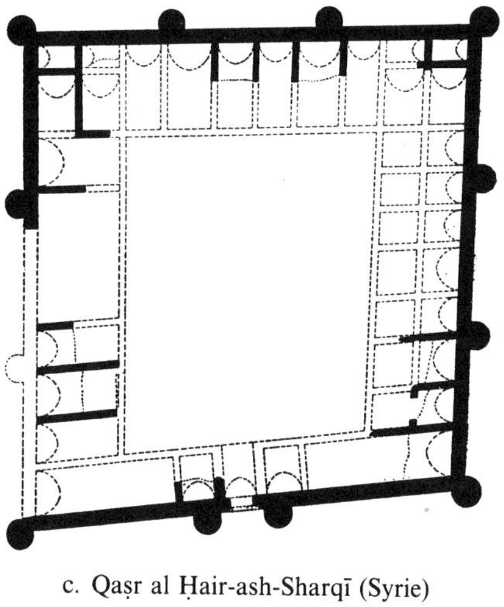

c. Qaṣr al Ḥair-ash-Sharqī (Syrie)

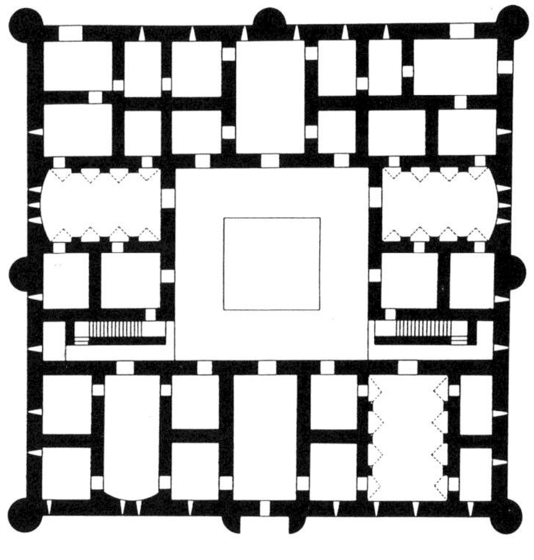

d. Qaṣr al-Kharānah (Jordanie)

Fig. 13. Châteaux omayyades.

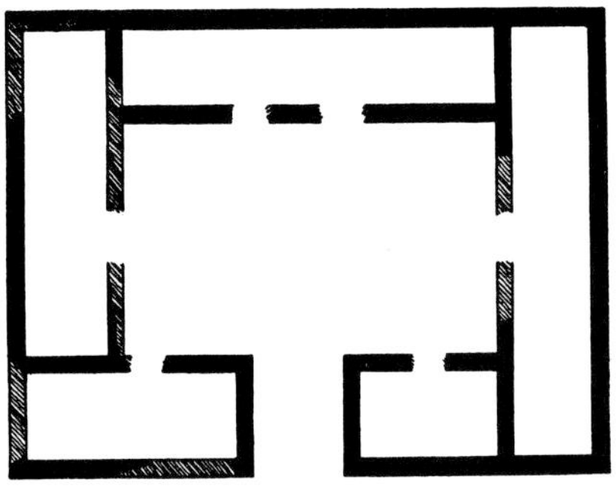

a. Darwāzah Gachī

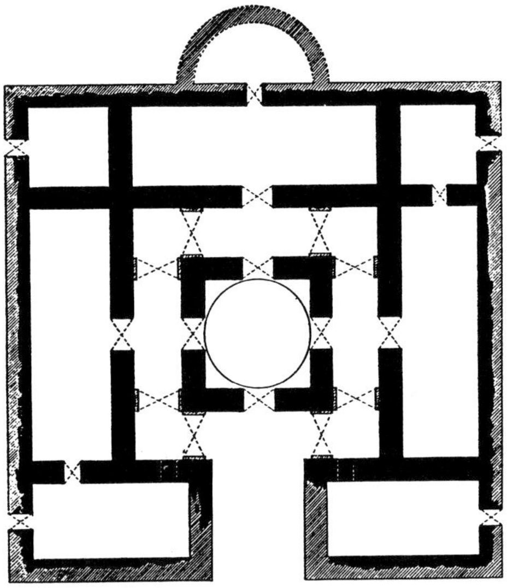

b. Chahār Dih, Dū Gunbadān

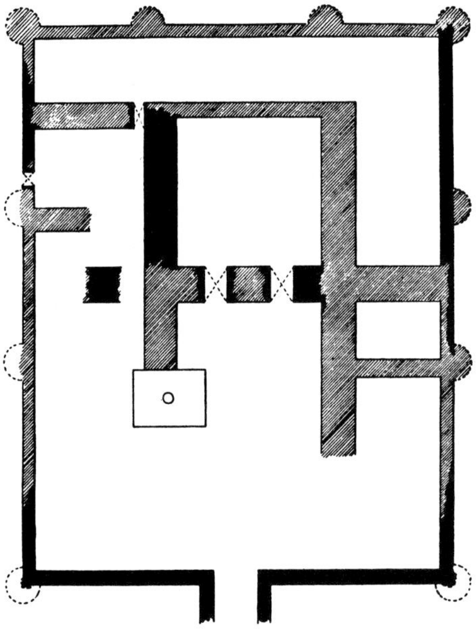

c. Tang-i Maliūn

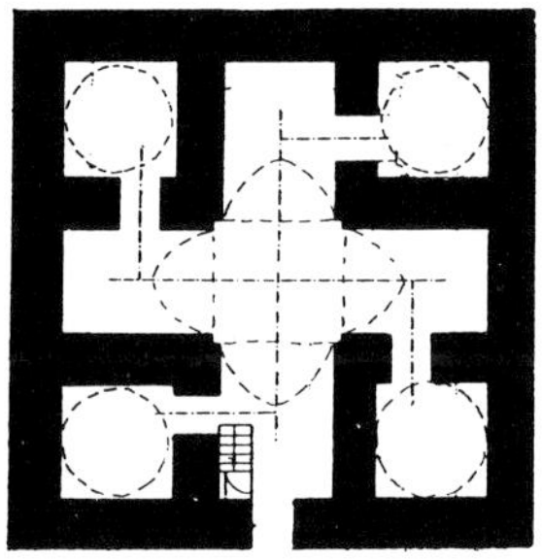

d. Rubāṭ-i Zindān

Fig. 14. Constructions en Irān de la fin de l'époque sassanide ou du début de l'époque islamique.

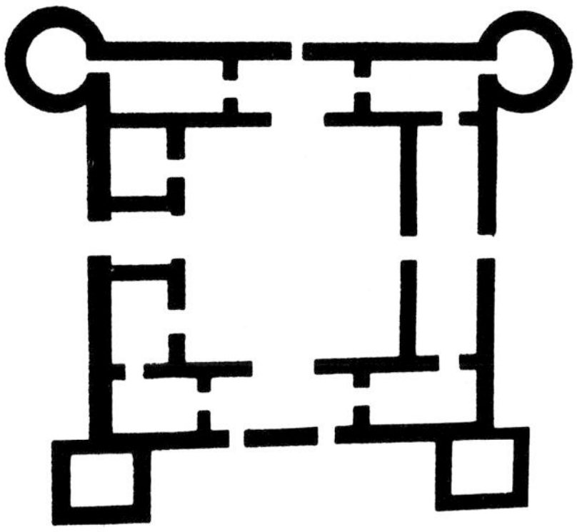

a. Sīrāf

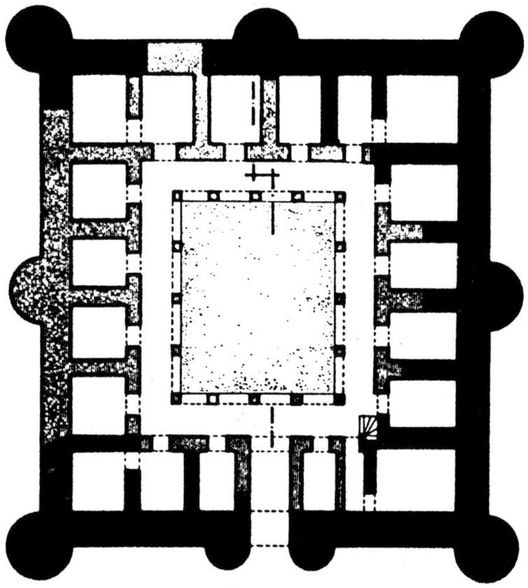

b. Dārzīn (fort 2)

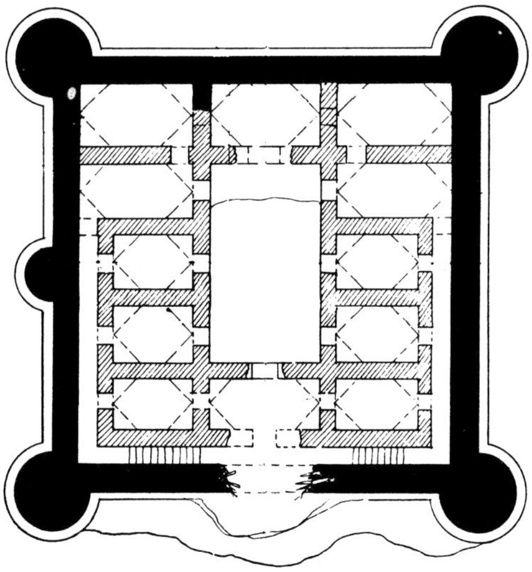

c. Qal'ah-i Fahkand

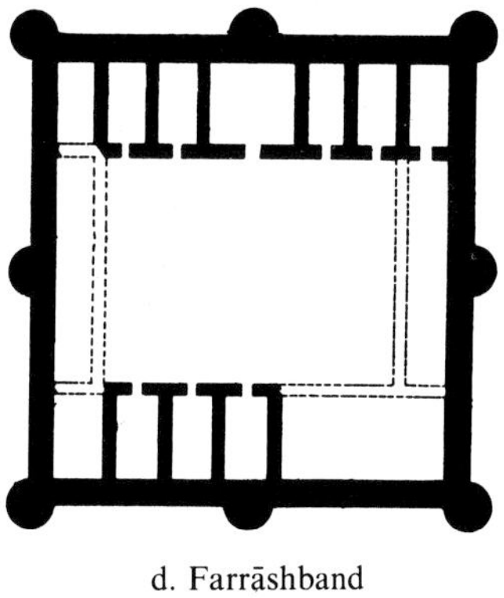

d. Farrāshband

Fig. 15. Forteresses en Irān des premiers siècles de l'Islām.

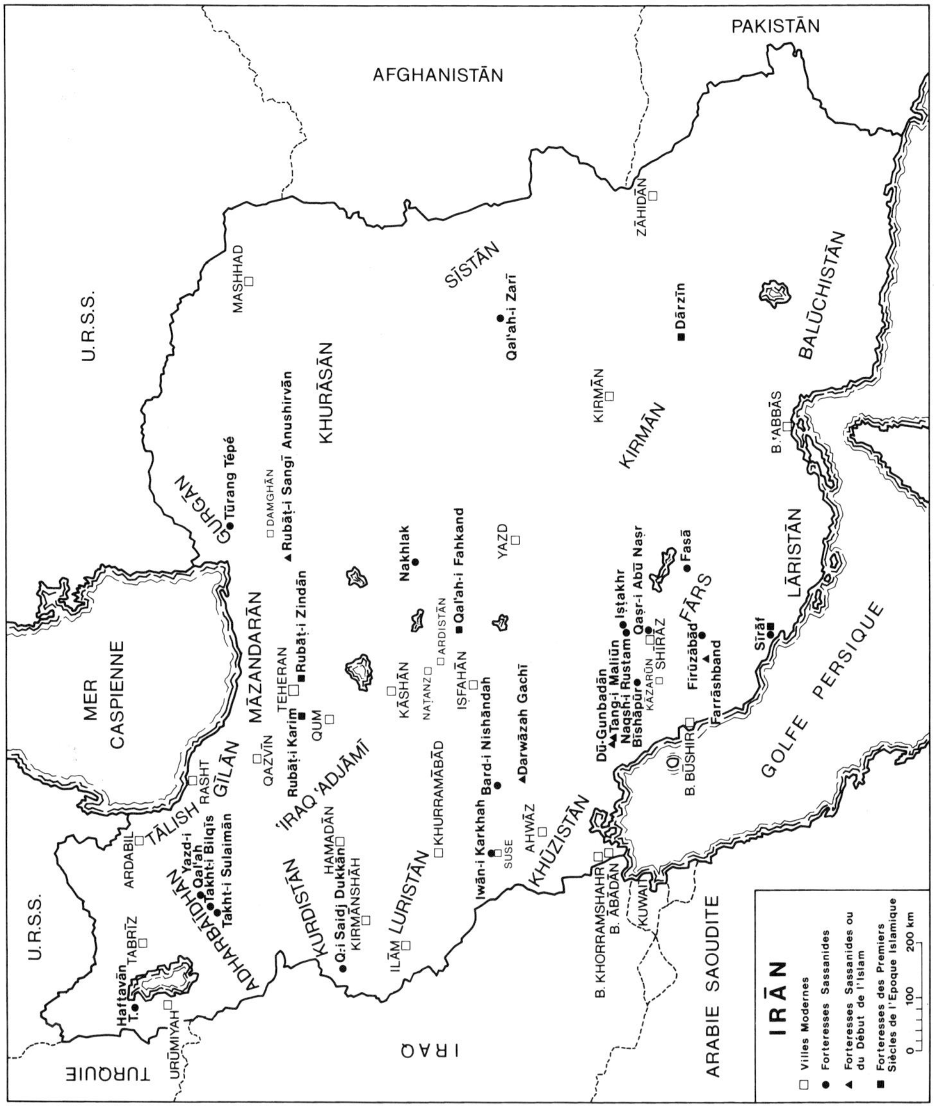

Fig. 16. Carte de l'Irān.

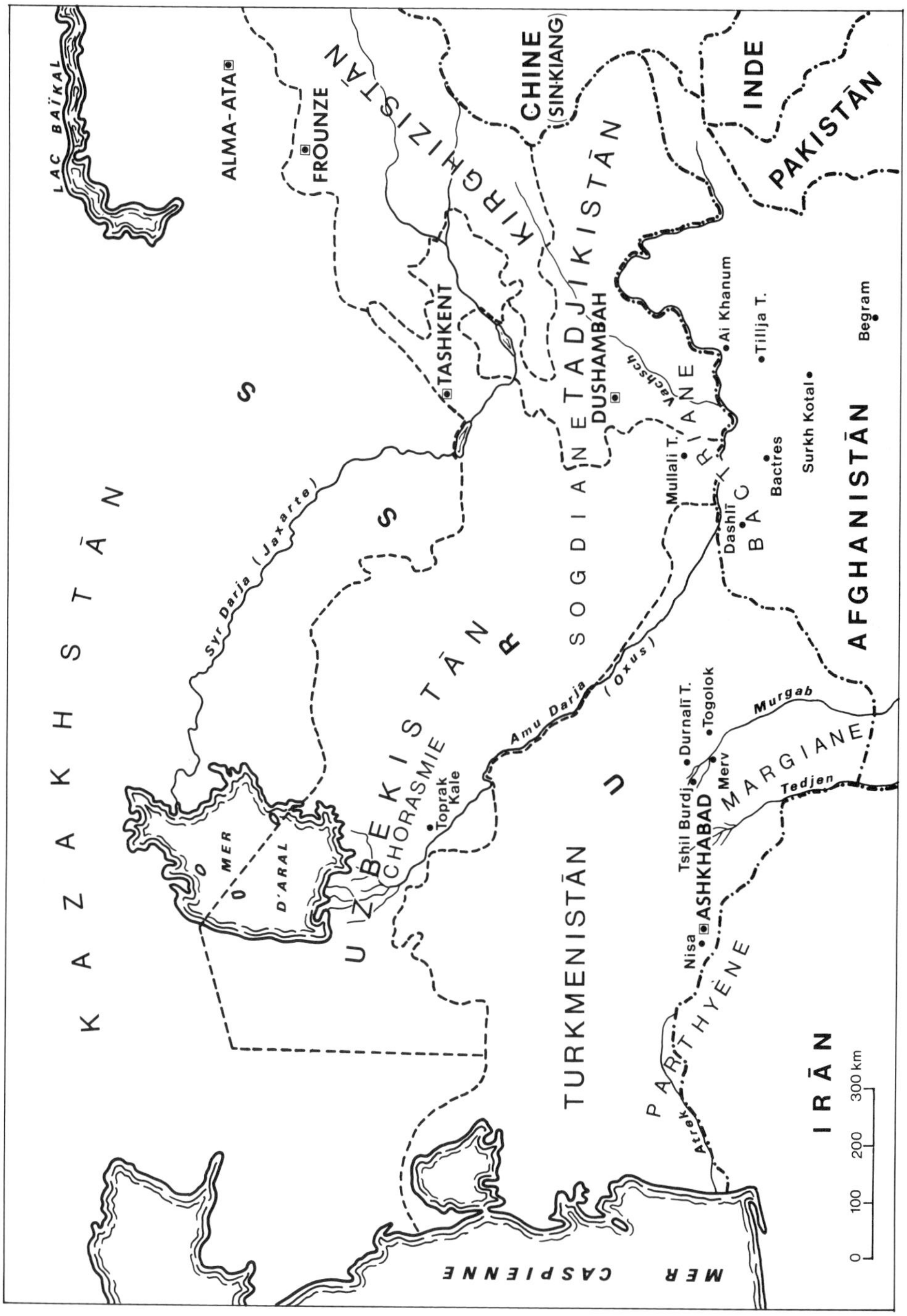

Fig. 17. Carte de l'Asie Centrale.

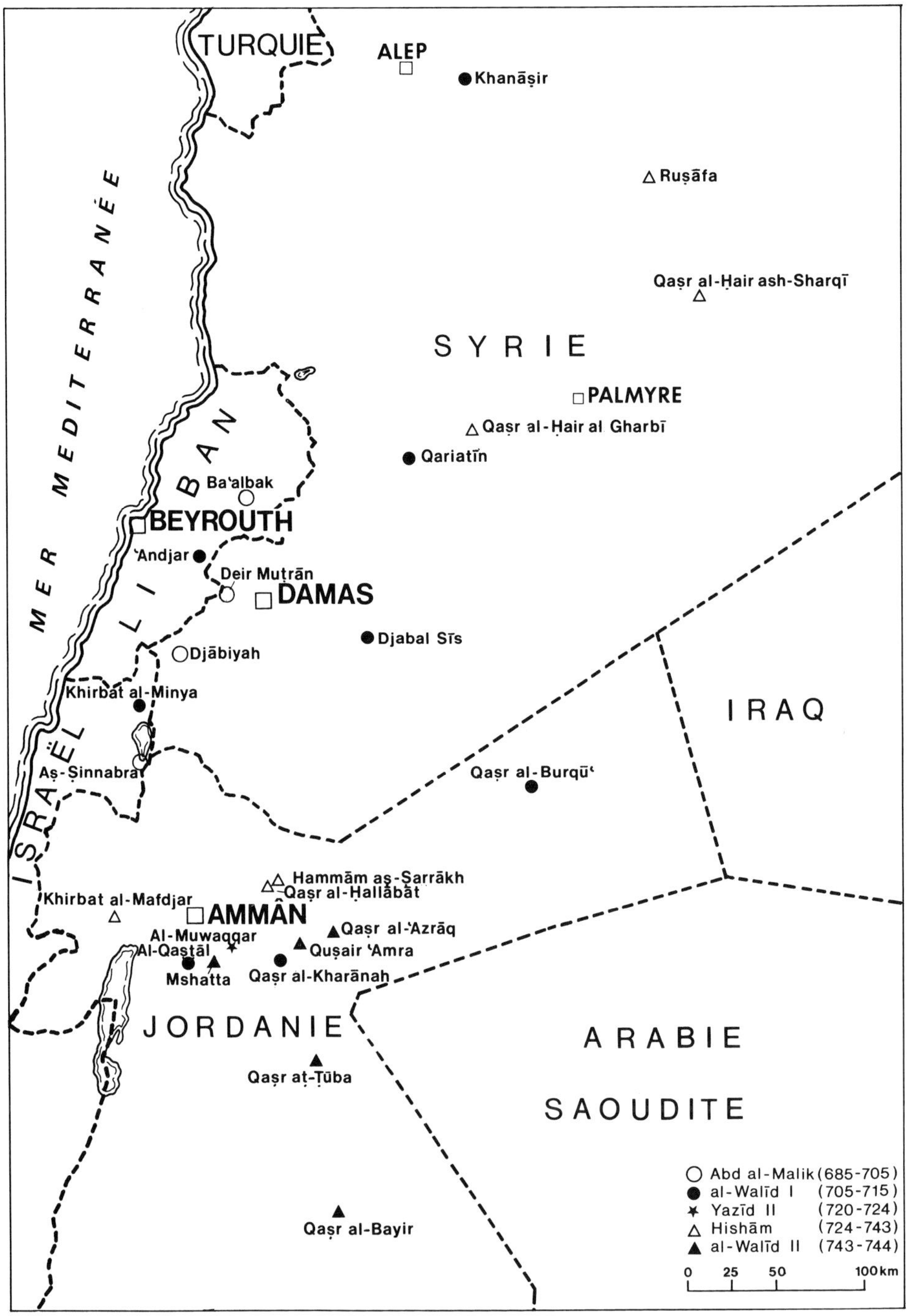

Fig. 18. Carte des "châteaux" omayyades.

Pl. 1. Le château (côté nord-est) et l'aqueduc.

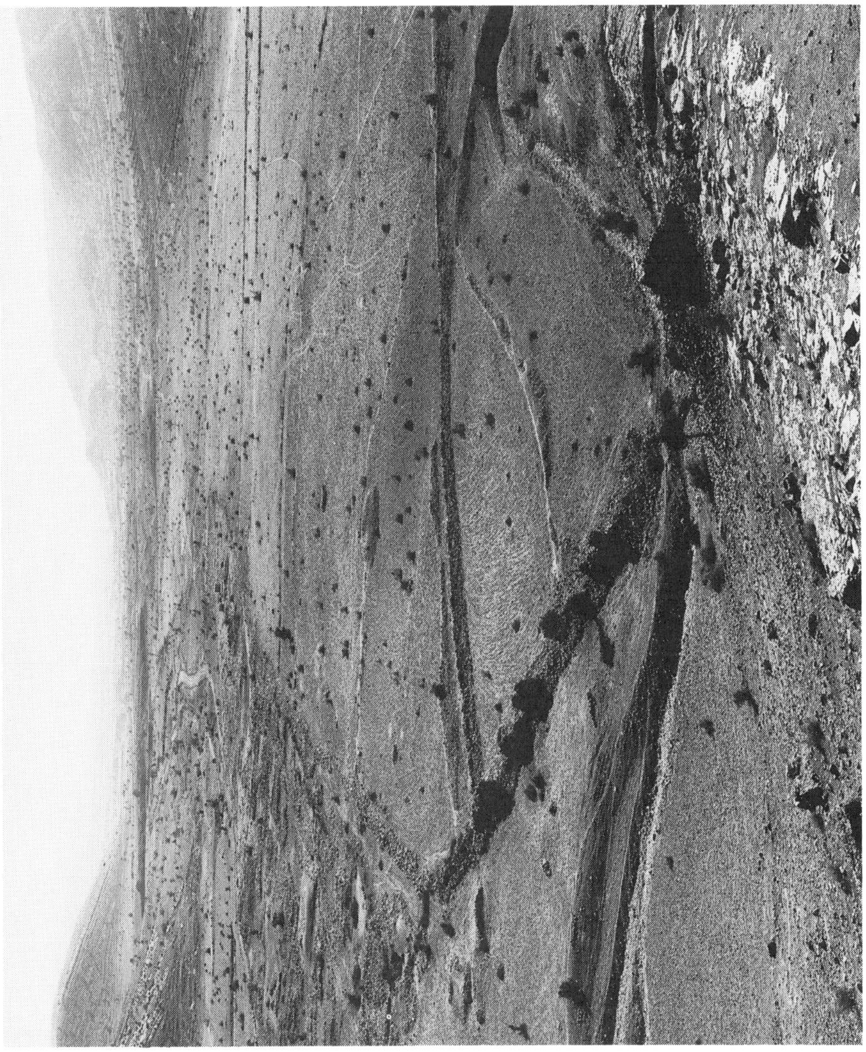

Pl. 2. La plaine devant l'entrée (côté sud-est) du château: ruines, aqueduc (vue prise sur le château).

Pl. 3. Vue lointaine du château: le côté sud-est.

Pl. 4. Vue lointaine du château: les côtés sud-est et sud-ouest.

Pl. 5. Le côté sud-est et la tour d'angle sud.

Pl. 6. Les côtés sud-ouest et nord-ouest.

Pl. 7. Le côté nord-ouest.

Pl. 8. La tour d'angle sud et l'entrée du château.

Pl. 9. La tour d'angle sud.

Pl. 10. La tour d'angle sud.

Pl. 11. Trois archères percées dans le mur sud-ouest, près de la tour d'angle ouest.

Pl. 12. Archère percée dans le mur sud-est, à gauche de l'entrée.

Pl. 13. Prise de vue d'une archère à l'intérieur de la tour d'angle sud.

Pl. 14. Prise de vue d'une archère à l'intérieur de la tour d'angle est; à l'arrière-plan la tour d'angle sud.

Pl. 15. Le côté sud-est: l'entrée.

Pl. 16. Prise de vue à l'intérieur du château:
l'arc sud-est de la pièce centrale, l'embrasement de l'entrée et l'entrée même.

Pl. 17. Rez-de-chaussée. L'intérieur de la chambre n° 5.

Pl. 18a. L'escalier; vue prise au rez-de-chaussée.

Pl. 18b. L'espace en-dessous de l'escalier au rez-de-chaussée.

Pl. 19. Rez-de-chaussée: arc sud-est et arc sud-ouest de la pièce centrale (n° 9). Etage: les quatre piliers de la pièce centrale (n° 18), le couloir, l'iwān (n° 10) et l'accès à la chambre n° 16.

Pl. 20. Rez-de-chaussée: arc sud-est de la pièce centrale (n° 9).
Etage: l'iwān (n° 10), les deux piliers du côté sud-est et le couloir autour de la pièce centrale (n° 18).

Pl 21. Rez-de-chaussée: l'arc nord-ouest de la pièce centrale (n° 9).
Etage: les deux piliers du côté nord-ouest et le couloir autour de la pièce centrale (n° 18). L'accès aux chambres n°s 14, 15.

Pl. 22. Etage: L'entrée et le mur de fond (côté sud-ouest) de la chambre n° 16.

Pl. 23. Rez-de-chaussée: l'arc nord-ouest de la pièce centrale (n° 9).
Etage: le pilier nord de la pièce centrale (n° 18), le couloir, l'accès à la chambre n° 11 (à gauche), à la chambre n° 15 (au milieu) et à la chambre n° 17 (à droite).

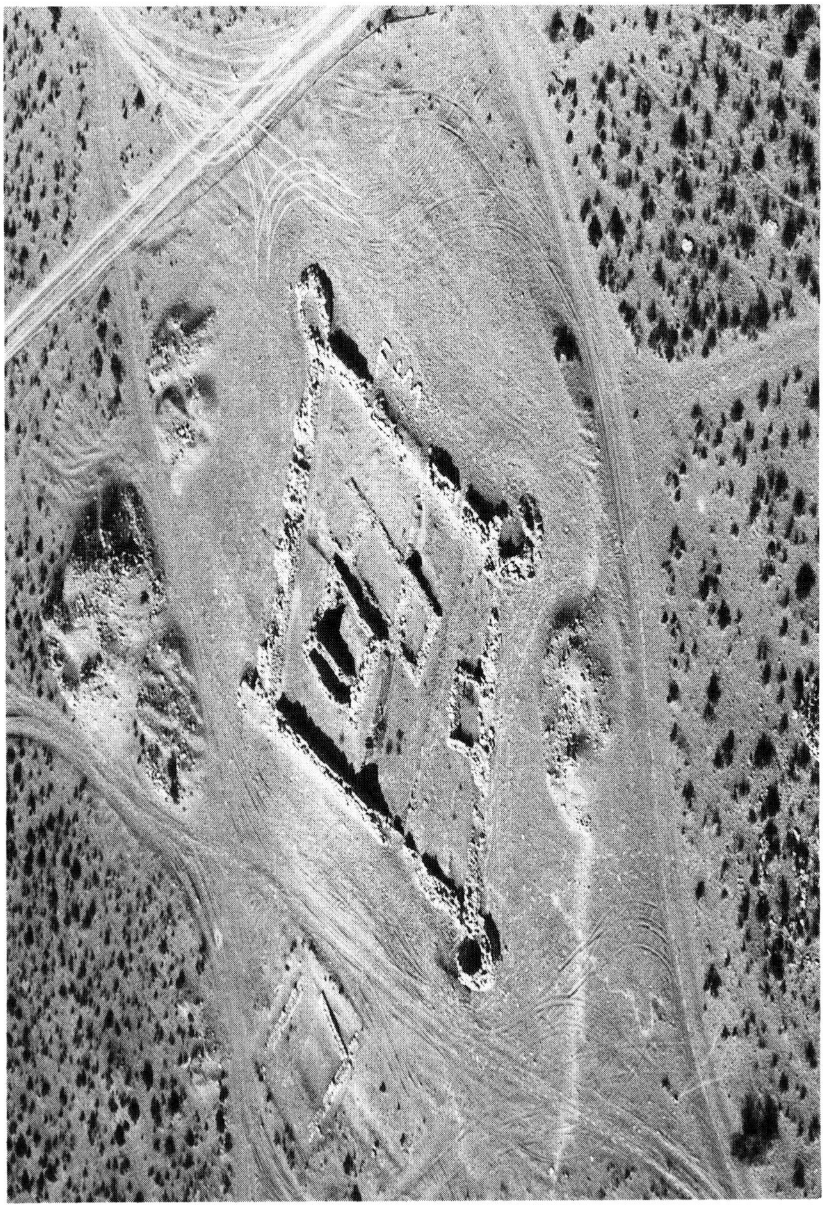

Pl. 24. Fort d'ed-Dur, à Umm al-Qaiwain (époque parthe; 1er-2ème siècle de notre ère).

Pl. 25. Icône représentant "les sept dormants d'Ephèse"; milieu du 19e siècle (collection privée).

ORIENTALISTE, P.B. 41, B-3000 Leuven